하나님과
함께하는
**중년기도
100**

하나님과 함께하는
중년기도 100

ⓒ 생명의말씀사 2022

2022년 9월 23일 1판 1쇄 발행
2023년 10월 5일 2쇄 발행

펴낸이 | 김창영
펴낸곳 | 생명의말씀사

등록 | 1962. 1. 10. No.300-1962-1
주소 | 서울시 종로구 경희궁1길 6 (03176)
전화 | 02)738-6555(본사) · 02)3159-7979(영업)
팩스 | 02)739-3824(본사) · 080-022-8585(영업)

지은이 | 김민정

기획편집 | 서정희, 김자윤, 장주연
디자인 | 김혜진
인쇄 | 영진문원
제본 | 다온바인텍

ISBN 978-89-04-16807-1 (03230)

저작권자의 허락없이 이 책의 일부 또는 전체를
무단 복제, 전재, 발췌하면 저작권법에 의해 처벌을 받습니다.

… 배에서 태어남으로부터 내게 안겼고
태에서 남으로부터 내게 업힌 너희여
너희가 노년에 이르기까지 내가 그리하겠고
백발이 되기까지 내가 너희를 품을 것이라
내가 지었은즉 내가 업을 것이요
내가 품고 구하여 내리라(사 46:3-4).

들어가는 글

**나의 중년은 준비되지 않았고,
대안이 없었고, 무지했다**

- 중년의 아픔은 티가 나지 않는다.
  다리가 부러진 것도 아니고, 전 세계가 용인하는 철없는 사춘기라 핑계 대며 마음대로 휘두를 수도 없다.

- 그런데 마음은 멍들고 몸은 아프다.
  설명할 수도 없고, 알아 달라 하기엔 나이도 먹을 만큼 먹었다.

- 갱년기의 증상은 사람마다 다 다르다.
  그래서 내가 이렇다 설명할 때 사람들은 시큰둥하다. 아파 봐야 시간이 지나면 나을 거라 치부한다. 병이라 여기지 않으니 무시하고 만다.

- 관계는 해체되고 내 자리는 점점 사라진다.
  의지했던 긴밀한 관계들은 멀어지고, 위치는 점점 하락한다. 그런데 아직 해야 할 일들은 여전히 산더미 같다.

- 중년의 시간은 정체성의 혼란과 질병의 위기를 동시에 겪는 시간이다.
  사춘기처럼 마음만 아픈 것도 아니고, 노년기처럼 몸만 아픈 것도 아니다. 알 수 없는 통증과 마음의 공허함과 우울함이 뒤범벅된다.

중년의 시간을 벌써 10여 년 겪어 오며, 아무것도 준비되지 않은 나 자신의 지난 시간이 너무 아쉬웠다.

40대 초에 시력이 말도 안 되게 떨어져 안과에 갔더니 노안이라 했다. 충격 자체였다. 여섯 시간씩 서서 강의를 하다 보니 무릎 연골이 다 삭아 버려 수술을 해야 했다. 극심한 경제적 스트레스로 심장병을 얻어 15년 넘게 약을 달고 산다. 체력은 점점 떨어지고, 자녀들은 성장했지만 성장한 만큼 여전히 더 많은 조력이 필요했다. 배턴 터치가 타이밍이 너무 안 맞았다. 내 경제력을 유지하기가 턱에 차도록 버거웠지만, 족히 수년은 더 끌고 가야 하는 상황이었다. 뜻하지 않게 사표를 내고 급격히 올라간 혈압 때문에 병원으로 운전해 가는 차 안에서 소리 내어 엉엉 울었다. 내가 낸 사표였지만, 은퇴라는 이상한 감정은 그저 내 온몸과 마음을 휘저어 버렸다. 그렇게 심장 약에 고혈압 약을 추가했다.

모든 사람이 추워서 코트를 챙겨 입는 날씨에 내 몸은 뜨거운 사막 한가운데 있는 것처럼 더웠다. 둘러앉은 모임에서 사람들과 이야기를 하면 나는 머릿속에서부터 땀이 흐르고 얼굴이 붉어졌다. 불덩이가 몸 안에서 불을 지피는 것처럼 빨개진 얼굴은 가시지 않고 머리는 엉망이 되고 땀을 닦느라 화장은 다 지워졌다. 누구도 뭐라 하지 않았지만, 그때 내가 느낀 감정은 수치심이었다. 그때부터 둘러앉는 모임은 피하게 되었다.

밤에는 잠이 오지 않아 약을 먹어야 하고, 밤새 온몸이 맞은 것처럼 아프다. 아침에 일어나면 이미 몸은 녹초가 되고, 침대에서 내려와 걷는 첫걸음은 아파서 다리가 걸어지지 않았다. 밤새 잠을 자지 못하니 아침 출근길은 지옥 같았다. 새벽 6시가 되어 깊은 잠에 들어 아침 7시에 피곤에 절어 다시 일어나는 일을 반복했다.

너무 사소한 일인데 버럭 소리를 지르곤 화를 주체하지 못할 때는 얼른 방에 들어가 버렸다. 아이들의 잘못이 아닌 것을 알기 때문이다. 왜 그렇게 화가 나는지, 감정이 왜 이리 주체가 안 되는지 알 수 없었다.

이유를 알 수 없는 통증은 10여 년을 함께했다. 물론 지금도 동행하고 있다. 병명도 없고 보이지 않으니 가족들은 알 리 없다. 어깨가 한번 아프면 족히 1년은 걸려야 차도가 생겼다. 운이 나쁘면 한 1년 있다가 또다시 아파 온다. 걸을 수가 없으니 운동도 하지 못했다. 녹초가 되어 퇴근하면 저녁 한 끼 허겁지겁 먹으니 살이 쪘다. 그렇게 고지혈증 약을 하나 더 추가했다.

얼마나 한심해 보일지 나도 안다. 운동을 못 하는 게 아니라 안 한다 여길 테니 할 말도 없다. 물에 젖은 솜 같은 몸으로 짧게는 10여 년, 길게는 20여 년을 더 경제력을 가져가야 한다.

주중에 회사에 3일을 출근하고, 주말에는 교회 담임으로 사역했다. 1년에 책을 3~4권 정도 출간하고, 분기별로는 새가족 세미나를 했다. 1년에 30개 넘는 교회의 집회를 다니며 생계를 이어 갔다. 그렇게 대학생 두 명을 키웠다.

언젠가 친구의 시어머님이 그러셨다. "많이 아프지? 70이 되면 훨씬 편해질 거야." '70? 말도 안 돼. 어떻게 70까지?' 그 말씀은 힘이 되기보다 절망을 주었다.

어쩌면 갱년기를 지나며 가장 많이 느끼는 감정은 수치심인지도 모른다. 아주 많은 순간, 설명하는 것이 너무 구차하다 여겨졌다. 그래서 울며 견디며 살았다. 그래서 기도할 수밖에 없다. 도움을 구할 곳이 하나님밖에 없다. 하나님만이 나의 모든 것을 가장 잘 이해하시니까.

갱년기를 위한 중년의 기도문을 쓰면서 새삼 발견하게 된 것이 있다. 그것은 그 범위가 너무 광범위하다는 것이다. 마음만도, 몸만도 아닌, 모든 관계와 위치와 감정과 질병과 자아의 모든 것까지 총체적 변화의 중앙에 우리는 서 있는 것이다.

물론 수월하게 넘어가는 사람들도 있을 것이다. 그러나 그들에게도 변화는 찾아온다. 조금 더 일찍 예비할 수 있다면, 조금 더 가족들의 지지가 있다면, 조금 더 하나님과 동행할 수 있다면 잘 이겨 갈 수 있지 않을까. 그래서 다른 기도문과 달리 부득이 소제목을 달기 시작했다. 다양한 영역들이 뒤범벅되지 않고 조금 명료해지길 바라서다.

감사하게도 배턴 터치의 시간이 와서 자녀들이 완전히 독립을 하게 되었다. 이제 내 몸에 지나도록 돈을 벌지 않아도 된다는 사실만으로 행복했다. 자식이 없다면 나는 그냥 나 혼자 굶으면 되는데, 자식이 있는 한 부모는 절대 그게 안 되니 말이다.

이제 나의 중년의 하반기는 나를 사랑하고, 나를 보살피고, 나의 이름을 불러 주신 아버지와 온전히 동행하는 삶을 살려고 노력하고 있다. 변화된 관계가 공허감이 아니라 회복과 쉼의 시간이 되도록 나의 삶에 집중하고 있다. 지하 10층을 지나는 것 같았던 나의 중년은 중턱을 지나 이제 1층에 올라와 처음으로 하늘을 보는 것 같은 기분이다.

나의 중년은 너무 준비되지 않았고, 상황이 너무 열악했다. 대안이 없었고, 무지했다. 바라건대, 당신의 중년은 함께 나눌 동반자가 있기를 바란다. 그것이 배우자이든, 친구이든, 자녀이든 대화를 시도하고 마음을 나누는 훈련을 미리 하기 바란다. 그 무엇보다 온몸으로 하나님과 함께하기를 소망한다. 누군가에겐 결단코 사춘기보다 쉽지 않고 그 고통이 1~2년이 아니라 10년, 20년일 수도 있음을 기억하며 기도하자.

당신이 중년에 접어들고 있다면, 혹 당신의 주변에 갱년기의 고통을 지나고 있을 법한 사람이 있다면, 손 내밀어 주길 바란다. 가장 고독한 사막을 지나고 있을지도 모르니 말이다. 우리 모두의 갱년기가 건강한 변화와 새로운 기회의 시간이 되길 마음 깊이 소망한다.

_김민정

주제로 찾아보는 『하나님과 함께하는 중년기도 100』

주제	페이지
가족 관계	p. 30, 206
감사	p. 20, 172
갱년기	p. 28, 82, 134, 156
갱년기 - 감정의 노예	p. 44, 114, 148, 204
경제적 두려움	p. 46, 96, 142, 200
관계의 재설정	p. 48, 62, 116, 164, 214
나를 사랑하기	p. 24, 84
나를 존중하기	p. 88, 128, 174

○	눈높이 조정하기	——	p. 76, 130, 178
○	단풍 같은 멋진 삶	——	p. 32, 68, 168, 222
○	두 번째 인생 살기	——	p. 54, 86, 136, 160, 212
○	'라떼' 피하기	——	p. 104, 158
○	봄날 같은 나이	——	p. 90, 126, 180
○	부모의 죽음	——	p. 60, 106, 154
○	빈 둥지	——	p. 40, 92, 122, 198
○	새로운 삶에 대한 갈망	——	p. 132, 210

새로운 시작	p. 34, 102, 150
세대 차이	p. 94, 162, 202
시대를 배우기	p. 58, 110, 176
시대의 연결 고리	p. 50, 78, 190
육체의 연약함	p. 22, 72
은퇴	p. 74, 124, 194
인생의 해석	p. 18, 70, 196
자녀리스크	p. 36, 152, 192

진정한 노후 준비	p. 64, 108, 166, 186
질병을 만날 때	p. 42, 138, 184
하나님과 더 깊어지기	p. 38, 80, 146, 220
하나님을 향한 시선	p. 26, 100, 218
하나님의 약속	p. 52, 66, 120, 170, 216
하루의 소중함	p. 16, 118, 144, 188
한계 극복	p. 112, 208

하나님의 초대장

인생의 어느 지점에서 '나는 어디로 가야 하지?' 묻게 되는 때가
있습니다. 진로 결정을 앞둔 청년, 은퇴를 앞둔 직장인,
갱년기에 접어든 여성들이 이런 질문을 만납니다.
'지금까지 나는 잘 살아왔나?', '앞으로 나는 무엇을 해야 할까?'
이같은 질문이 마음에서 떠나지 않는다면,
그때가 바로 하나님의 초대장을 받은 때입니다.
하나님이 당신의 인생과 동행하기 위해
새로운 대화를 시작하기 원하시는 것입니다.

_ 김민정 저, 「쉬며 읽으며 쓰며」 중에서

하루의 소중함

아버지의 시간 안에서
의미 있는 하루

언제나 새로운 하루, 새로운 한 해를 주시는
하나님 아버지 감사합니다.
나이를 먹어 갈수록 시간이 너무 빨리 지나갑니다.
아무것도 해놓은 것 없는데,
날짜는 금세 지나가 어느덧 한 달이 지나갑니다.
아버지의 시간 안에서 의미 있는 하루하루를 맞이하게 하소서.
시간도 하나님의 소관이니 맡겨 드리며 한탄이 아니라
기쁨으로 맞이하게 하옵소서.

새로운 마음을 허락하여 주소서.
너무 오래 살다 보니, 어제가 오늘 같고 작년이 올해 같습니다.
어린아이와 같은 신선한 마음을 주셔서
주어진 시간에 감사하게 하소서.
육신의 나이 들어 감보다 마음이 더 나이 들지 않게 하소서.
날마다 하루를 기대하게 하시고, 소망을 갖게 하소서.

1

"그러므로 우리가 낙심하지 아니하노니
우리의 겉사람은 낡아지나
우리의 속사람은 날로 새로워지도다"
(고후 4:16).

오늘은 어제보다 더 새로운 것을 찾기 원합니다.
하지 않았던 일들을 시도하게 하소서.
나이 들어서 할 수 없다고, 돈이 없어서 할 수 없다고
지레 무너지지 말게 하소서.
나이 들어도, 돈이 없어도 할 수 있는 수많은 일이 있음에
용기 내게 하소서.
핑계 대지 않고 도전하는 하루를 시작하게 하옵소서.

이제는 더 주도적으로 살기 원합니다.
하나님과 나의 관계를 더 긴밀히 하기 원합니다.
그 기대감으로 중년을 달려가게 하소서.
나의 주 예수 그리스도의 이름으로 기도합니다. 아멘!

인생의 해석

나는 정말
잘 살아온 인생입니다

사랑의 하나님, 날마다 나를 사랑하시는
아버지의 사랑에 감사를 드립니다.
수십 년을 살아왔지만
나 스스로가 나를 보호할 수 없었음을 고백합니다.
하나님이 돕지 않으셨더라면
오늘의 나는 존재할 수 없음을 고백합니다.
살아온 날이 힘겨웠다면 하나님의 도우심이
더 강렬했음에 감사합니다.
지나온 날이 즐거웠다면 주님의 은혜가 넘쳤음에 감사를 드립니다.

무엇을 생각해도 감사할 것뿐인 인생입니다.
주님을 찬양하고 감사를 드립니다.
세상 앞에 내놓을 것 없는 인생이라며
스스로를 작게 여기지 말게 하소서.
나를 돕는 이가 하나님이시니 나는 위대한 사람입니다.
내가 동행하는 이가 신이시니 나는 두려울 것이 없는 사람입니다.

2

> "사무엘이… 이르되
> 여호와께서 여기까지 우리를 도우셨다 하고
> 그 이름을 에벤에셀이라 하니라"
> (삼상 7:12).

살아온 세월이 많아서 살아갈 날이 별로 없다,
한탄하지 말게 하소서.
그 긴 세월을 이처럼 살아왔으니 그것만으로 위대한 인생입니다.
세상 기준인 실패와 성공의 잣대로 나를 재단하지 않게 하소서.
세상의 눈으로 나를 바라보고 나를 정죄하지 말게 하소서.
하나님의 눈으로 나를 바라보고 칭찬하게 하소서.

험난한 길 굳건히 이겨 왔으니 대단한 인생입니다.
지루한 길 성실하게 이어 왔으니 칭찬받을 인생입니다.
나는 정말 잘 살아온 인생입니다.
내 인생의 동반자 되신 예수 그리스도의 이름으로
기도합니다. 아멘!

감사

내 삶의 좋은 일들이
젊은 날에만 있지 않음을 믿습니다

나의 지난 모든 삶을 인도하신 아버지 감사합니다.
뒤돌아보면 얼마나 감사한 것투성인지요.
삶의 모든 순간, 문제에 몰두하느라
하나님의 은혜를 보지 못했습니다.
이제부터는 나에게 주어진 문제보다 은혜에 집중하기 원합니다.
하나님의 손길이 얼마나 선하게 나를 인도했는지 보게 하소서.

나의 젊지 않음에 감사드립니다.
내가 실수를 더 적게 할 수 있는 나이가 되었습니다.
나의 젊지 않음에 감사드립니다.
사람들을 더 이해하고 포용할 수 있게 되었습니다.
나의 젊지 않음에 감사드립니다.
하나님을 더욱 깊이 있게 사랑하게 되었습니다.

3

> "오직 사랑 안에서 참된 것을 하여
> 범사에 그에게까지 자랄지라
> 그는 머리니 곧 그리스도라"
> (엡 4:15).

나의 나이에 집착하여 소망 없어 하는 마음을 내다버립니다.
내 삶의 좋은 일들이 젊은 날에만 있지 않음을 믿습니다.
나에게 주어진 모든 순간, 하나님의 일하심을 믿습니다.
더욱 주님을 신뢰합니다.

나의 나이 듦이 모든 이에게 덕이 되게 하소서.
자녀들을 통해 나의 원숙함에
더욱 만족하는 고백을 듣게 하소서.
많이 내려놓음이 더 선하고 아름답게 보이게 하소서.
포기가 아니라, 신뢰의 삶을 살게 하소서.
나의 모든 믿음의 대상이 되시는
예수 그리스도의 이름으로 기도합니다. 아멘!

육체의 연약함

얼마나 위대한 세월을 버티고 있는지
기억하고 감사하게 하소서

나의 기쁨이 되시며 오늘도 살아갈 힘을
주시는 아버지 감사합니다.
무릎이 예전 같지 않지만, 그래도 걸을 수 있음에 감사합니다.
눈도 전처럼 선명하지 않지만, 그래도 볼 수 있음에 감사합니다.
신체의 모든 것이 유난히 쇠약해 가지만
슬퍼하기보다 감사하게 하소서.

30년 된 아파트도 흉물처럼 낡아 새로 짓는다고 하는데,
나의 육체는 50년을 넘어 90세, 100세까지 사용되다니,
얼마나 위대한 일입니까!
하나님이 인간을 얼마나 강하게 만드셨으면
이렇게 수십 년을 쓰고 있습니까.
나의 무릎을 50년을 썼는데 어떻게 20대와 같길 바라겠습니까.
이 무릎으로 100년을 살게 하실 수도 있는
하나님을 찬양합니다.

4

"…도리어 크게 기뻐함으로
나의 여러 약한 것들에 대하여 자랑하리니
이는 그리스도의 능력이 내게 머물게 하려 함이라"
(고후 12:9).

어떤 명품 가죽 가방이 매일 쓰고 50년을 가겠습니까.
나의 피부가 조금 늘어짐이, 나의 머리카락이 조금 빠짐이
얼마나 위대한 세월을 버티고 있는지 기억하고 감사하게 하소서.
하나님이 만드신 가장 약해 보이는 인간이,
인간이 만든 가장 거대한 건축물보다 강함을 인정하게 하소서.

내 육체의 쇠약함을 한탄하지 말게 하시고, 찬양하게 하소서.
나의 병듦이 너무도 당연한 과정임을
인정하게 하시고 감사하게 하소서.
감사하며 고치게 하시고, 찬양하며 수용하게 하소서.
그리고 나의 육체를 더 사랑하고 보존하기 위해 노력하게 하소서.
나에게 위대한 육체를 허락하신 예수 그리스도의 이름으로
기도합니다. 아멘!

나를 사랑하기

아침마다 청년의 날처럼
힘차게 시작하기를

오늘도 나를 누구보다 사랑하시며 지키시는
나의 아버지 감사합니다.
모태에서 나를 만드시고 부르신 아버지께서
나를 여전히 사랑하심을 믿습니다.
나의 어린 시절만이 아니라
나의 청년 시절과 중년 시절도 주님의 것입니다.
나의 가는 모든 길에 경중의 차이가 없음을 믿습니다.
어제만 중요한 날이 아니라 오늘도 중요한 날입니다.

중년이 되었다고 나의 한 날이
청년의 날보다 가볍지 않음을 믿습니다.
중년이 되었다고 마무리 단계에 들어간 것이 아님을 믿습니다.
주님을 만나는 그날까지 꿈꾸며 살게 하소서.
나의 날의 계수가 주님께 있으니
오늘이 나의 새날인 것처럼 살게 하소서.
아무 기운 없이 하루를 맞이하는 습관을 버리게 하소서.

5

> "너희가 돌이켜 어린아이들과 같이 되지 아니하면
> 결단코 천국에 들어가지 못하리라 그러므로 누구든지 이 어린아이와 같이
> 자기를 낮추는 사람이 천국에서 큰 자니라"
> (마 18:3-4).

아침이 될 때마다 청년의 날처럼 힘차게 시작하기 원합니다.

나의 몸이 기울었다고 하여

마음이 먼저 기울어져 있음을 회개합니다.

나의 날은 언제나 희망이 가득하며 새롭고 귀한 날임을 인정합니다.

그래서 오늘이 나의 가장 젊은 날이며 신나는 날임을 고백합니다.

내가 죽는 날이 되어도 아버지께서는

나를 어린아이처럼 바라보심을 믿습니다.

주님 앞에 어린아이가 되어 오늘도 힘차게 살게 하소서.

나의 마음이 벌써 늙어짐에 길들여지지 않게 하소서.

나에게 소중한 날을 주신 예수 그리스도의 이름으로

기도합니다. 아멘!

하나님을 향한 시선

모든 가능성을 열어 주시는
아버지를 바라봅니다

날마다 나의 곁에서 나를 지키며 보호하시는
아버지 감사합니다.
내 눈에 보이지는 않았지만, 아버지의 보호가 없었다면
오늘의 나는 없습니다.
아버지의 사랑과 인애로 나를 지키고 인도하셨습니다.
이렇게 나이 들어 중년을 맞이하게 하신 은혜에 감사합니다.
나의 생명을 여기까지 지켜 주신 은혜에 감사합니다.

앞으로 살아가야 하는 날들 앞에 소망을 가지게 하소서.
꿈을 꾸는 것이 나이에 따라 있는 것이 아님을 알게 하소서.
오늘 나는 오늘의 꿈을 꾸며 내일을 살아갈 소망을 갖게 하소서.
이제까지 내가 해오던 일들이 아닌 새로운 일에 관심을 갖게 하소서.
모든 가능성을 열어 주시는 아버지를 향해 나의 시선을 돌립니다.

6

> "그 후에 내가 내 영을 만민에게 부어 주리니
> 너희 자녀들이 장래 일을 말할 것이며 너희 늙은이는 꿈을 꾸며
> 너희 젊은이는 이상을 볼 것이며"
> (욜 2:28).

아버지와 함께 더욱 깊이 동행하는 중년의 시절을 허락하소서.
이전의 모든 욕심과 미숙함을 내려놓고 주님 앞에 나아갑니다.
조금은 더 성숙한 모습으로 주님을 바라봅니다.
조금은 더 순리를 따르는 마음으로 주님께 나아갑니다.
주님의 손을 따뜻한 마음으로 잡고 천천히 동행합니다.

무엇이 되려고 했던 욕심을 내려놓고
아버지의 임재 앞에 나아가게 하소서.
무엇이 되기 위해 하나님을 이용하려는 마음을 내려놓고
하나님과 동행하게 하소서.
이제 주님의 마음을 더욱 깊이 알게 하소서.
나의 모든 것이 되어 주시는 예수 그리스도의 이름으로
기도합니다. 아멘!

갱년기

오늘의 나를 돌보아
오늘만큼의 건강을 지키게 하소서

생명의 주인 되시는 하나님 아버지,
나에게 생명 주시고 살게 하시는 아버지 감사합니다.
이 땅에 태어나 참 오랜 세월을 살아왔습니다.
그 긴 시간을 뒤돌아보면 감사할 것이 태산임을 고백합니다.
죽을 것 같은 시간들을 죽지 않고 살아왔습니다.
포기하고 싶은 순간들을 포기하지 않고 여기까지 왔습니다.

하나님이 곁에 계셔서 붙들어 주셔서 가능했습니다.
하나님이 모든 위험에서 나를 강한 팔로 안아 주셔서 넘어왔습니다.
찬양과 감사를 올려 드립니다.
이제 그 세월만큼이나 육체의 연약함을 가지게 됨을 고백합니다.
이 연약함을 불쌍히 여겨 주소서.

노안이 와서 눈이 잘 보이지 않을 때
나의 눈이 되어 주소서.
오십견이 와서 팔이 올라가지 않을 때

1

> "…주는 만물의 주재가 되사 손에 권세와 능력이 있사오니
> 모든 사람을 크게 하심과 강하게 하심이 주의 손에 있나이다"
> (대상 29:12).

다른 팔이 있음에 감사하게 하소서.
무릎이 아파 더 이상 뛸 수 없을 때
걸을 수 있음에 감사하게 하소서.
소화도 안 되고, 온몸이 아프고,
내 몸이 내 몸 같지 않음을 고백합니다.
더 아프지 않도록 나를 잘 돌보는 기회가 되게 하소서.

이제는 내가 예전을 기대하며 살 것이 아니라,
앞으로 새로운 기준으로 나를 돌보게 하소서.
과거의 젊음을 기대하지 말고,
오늘의 나를 돌보아 오늘만큼의 건강을 지키게 하소서.
갱년기가 더 조심해야 한다는 사인임에 감사하게 하소서.
나를 지키시는 예수 그리스도의 이름으로 기도합니다. 아멘!

가족 관계

나의 변화가 분명
가족을 변화시킬 것을 믿습니다

중년을 맞으며 나에게 집중된 것들을 풀어놓습니다.
혹여 나를 향한 연민 때문에 다른 사람들을 놓치는 일이 없게 하소서.
내가 갱년기가 되었다면 나의 배우자도 그러할 것임을
예측하게 하소서.
불규칙한 마음의 변화와 알 수 없는 통증을 느낄 때
배우자를 기억하게 하소서.
나를 연민하기보다 서로를 연민할 수 있게 도와주소서.

무엇보다 가족이 나의 아픔을 알아주기 원하면서,
입을 다물고 있었습니다.
나도 그들의 마음을 알지 못하면서,
나의 마음만 알아주기를 기대했습니다.
올바른 방법으로 나의 어려움을 나눌 줄 몰랐습니다.
아버지께 기도드리는 것처럼 가족과도 나의 마음을 나누게 하소서.
나의 어눌한 입술을 열어 따뜻한 마음으로 대화를 시작하게 하소서.

8

"남에게 대접을 받고자 하는 대로
너희도 남을 대접하라"
(눅 6:31).

나도 그들을 알아 가고, 그들도 나를 알아 갈 수 있는
시간을 만들게 하소서.
말하지 않고 몰라준다고 섭섭하여 관계를 깨지 말게 하소서.
내가 먼저 그들을 알아주고, 나도 그들에게 나를 알리게 하소서.
그래서 어려울 때 함께 헤쳐 나가는 가족이 되도록
지혜로운 자가 되게 하소서.
나의 변화가 분명 가족을 변화시킬 것을 믿습니다.

마음을 나눌 가족 주심에 감사합니다.
지금 당장 풀 수 없는 관계라면 시간을 두고
천천히 대화의 길을 가게 하소서.
하나님의 도우심을 간절히 구합니다.
나의 주 예수 그리스도의 이름으로 기도합니다. 아멘!

단풍 같은
멋진 삶

단풍처럼 물드는
아름다움을 허락하소서

지금까지 나의 삶을 주도하시고 인도하신 아버지 감사합니다.
나는 참 약하고 어리석었으나
주는 지혜로 나의 생을 이끌어 주셨습니다.
나의 잘못된 선택을 다시 아름답게 하시는,
합력하여 선을 이루시는 역사를 주셨습니다.
내가 저지른 잘못들을 결국 수습하신 분은
하나님이심에 감사를 드립니다.
나에게 하나님이 없었다면 결단코 여기까지
이렇게 오지 못했을 것입니다.

나의 삶에 일하신 주님을 찬양하고 찬양합니다.
다른 사람과 비교하면서 때로 나의 삶이
초라하다고 느껴질 때도 있습니다.
그들이 화려한 꽃을 피우며 탐스러운 열매를 맺어 갈 때
실망하지 말게 하소서.
하나님은 각자의 삶을 각자에 맞게 아름답게 하심을 믿습니다.

9

> "…이스라엘아 너를 지으신 이가 말씀하시느니라
> 너는 두려워하지 말라 내가 너를 구속하였고
> 내가 너를 지명하여 불렀나니 너는 내 것이라"
> (사 43:1).

나는 화려한 꽃을 피우지 못했어도
마지막을 불태우는 단풍일 수 있음을 믿습니다.
나에게 좋은 때가 오지 않았다면, 아직 기회가 있을 줄 믿습니다.
그 모습이 세상에서 바라보는 부러움의 대상이 아니라,
아버지의 눈앞에 가장 멋진 삶이 되기 원합니다.
중년의 인생에 단풍처럼 물드는 아름다움을 허락하소서.
자신을 불태워 많은 이에게 기쁨과 감동을 주는 인생 되기 원합니다.

비록 내가 꽃을 피우지 못하고 열매가 거창하지 않다
하더라도 나를 물들이는 삶을 주소서.
때로 꽃보다 아름다운, 때로 꽃보다 훨씬 광범위한 물들임을
주는 삶 되게 하소서.
나의 삶을 초라하다 여기지 않고 스스로 먼저 아름답게
바라보겠습니다.
언제나 나에게 기회 주시는 예수 그리스도의 이름으로
기도합니다. 아멘!

새로운 시작

중년은 종점이 아니라
정류장임을 알게 하소서

인생의 모든 절망 속에서 새로운 소망을 갖게 하시는
아버지 감사합니다.
내가 한계를 만날 때 나는 '여기까지가 끝이다'라고 생각했습니다.
그러나 그때 하나님은 언제나 '이제부터 나의 시작이다'라고
말씀하셨습니다.
인생의 계곡에서 헤어 나오지 못할 때
하나님은 늘 길이 되어 주셨습니다.
그렇게 나의 생을 인도하신 아버지 감사합니다.

더 이상 젊다고 말할 수 없을 때,
이제 나는 늙어 후반전을 산다고 말할 때,
여전히 나에게 이제 시작이라고 말씀하시니 감사합니다.
중년을 맞이하는 마음이 마무리를 향한 뒤안길이 되지 않게 하소서.
중년은 종점이 아니라 정류장임을 알게 하소서.
너무 빨리 종점이라 여기며 포기하지 말게 하소서.

10

> "그들이 평온함으로 말미암아 기뻐하는 중에
> 여호와께서 그들이 바라는 항구로 인도하시는도다"
> (시 107:30).

이제는 다른 버스를 갈아타고
새로운 길로 가야 하는 기점일 뿐입니다.
이제까지 입었던 여름 옷을 갈아입고,
조금 더 따스한 가을 옷을 입게 하소서.
새로운 계절을 맞이하듯 그 계절을 기대하게 하소서.
뜨거운 여름도 아름답지만 청명한 가을도 얼마나 아름다운지
기대하게 하소서.
불타오르는 단풍과 코끝을 찌르는 아침 향기를
즐길 줄 아는 중년 되게 하소서.

다채로운 인생을 허락하신 아버지 감사합니다.
지난 계절에 연연하지 말고,
새로운 계절을 즐기며 누리게 하소서.
오늘 주신 아름다움과 소중함을 최고의 시간으로 만들게 하소서.
나의 시작이 되시는 예수 그리스도의 이름으로
기도합니다. 아멘!

자녀리스크

자녀들을 바라보는
나의 시선을 새롭게 하소서

어느새 훌쩍 커 버린 아이들을 생각하며
세월이 너무 빠름을 느낍니다.
귀엽고 사랑스러웠던 아이들은 어디 가고
이미 자기 주장으로 가득한지요.
그들의 인생에 부모의 비중은 점점 쪼그라들어 가고 있습니다.
그들이 기쁨이고 희망이었는데,
어느새 고민이고 섭섭함이 되었습니다.
그들이 변한 건지, 내가 변한 것인지 모르겠습니다.

자녀들을 바라보는 나의 시선을 새롭게 하소서.
그들은 한 인생으로서 자신의 자리를
잘 찾아가고 있음을 인정하게 하소서.
부모의 영향력이 작아지고 스스로의 주체성이
커지는 것이 정상임을 인정합니다.
나의 말이 더 이상 먹히지 않을 때 분노하지 말게 하소서.
그들의 결정권을 인정하고 두 번째 자리로 내려가게 하소서.

11

"보라 자식들은 여호와의 기업이요
태의 열매는 그의 상급이로다"
(시 127:3).

차라리 기도의 자리로 더 적극적으로 나아가게 하소서.
말로 다스릴 기회는 지나갔음을 알고 기도로 지도하게 하소서.
존재 자체로 나의 모든 노동을 감수하게 했던
내 기쁨의 근원이던 자녀를 기억합니다.
그런 노력으로 이렇게 성장하였으니 감사하게 하소서.
자녀가 성장한다는 것은 떠날 날이 다가오는 것임을
인정하게 하소서.

오늘도 말 듣지 않는 커 버린 자녀로 인해 감사합니다.
스스로의 생각을 말하고 부모를 밀쳐 내는 자녀로 인해 감사합니다.
이제 사회인으로 커 가고 있음을,
내가 잘못한 게 아님을 알게 하소서.
자녀의 주인 되시는 예수 그리스도의 이름으로
기도합니다. 아멘!

하나님과 더 깊어지기

하나님은
나의 영원한 동반자 되십니다

영원한 동반자 되시는 하나님 아버지,
나의 사는 모든 날 동안 많은 사람을 만나고 이별했습니다.
참 좋은 만남도 있었고 상처뿐인 만남도 있었습니다.
중년을 지나며 더 많은 만남과 헤어짐을 경험하게 됩니다.
이 모든 만남 속에서 가장 소중한 만남은
하나님과의 만남임을 고백합니다.
나의 부모와도, 자녀와도 헤어지지만
하나님과는 영원한 동반자 됨을 감사드립니다.

중년을 맞이하며 수많은 변화의 상황이 올 때
나의 진정한 위로가 되어 주소서.
영원히 변하지 않는 하나님을 의지하여 평안을 누리게 하소서.
사람을 의지하지 말고 사람을 사랑하게 하소서.
사람을 믿지 말고 사람을 도우며 살게 하소서.
나의 믿음은, 나의 의지는, 나의 반석은 오직 하나님 한 분이십니다.
하나님과 더욱 깊은 관계로 나아가기 원합니다.

12

> "나는 포도나무요 너희는 가지라
> 그가 내 안에, 내가 그 안에 거하면 사람이 열매를 많이 맺나니
> 나를 떠나서는 너희가 아무것도 할 수 없음이라"
> (요 15:5).

하나님을 더욱 알아 가기 원합니다.

날마다 나에게 필요한 것만을 하나님께 구하며 살았습니다.

하나님에 대해서 알기보다 나의 원함을

하나님께 알리기만 했습니다.

이제는 하나님과 참된, 인격적인 만남을 갖게 하소서.

사람을 사귀기 위해 노력했던 애씀을

이제 아버지를 향해 사용합니다.

주님의 음성을 들려주시고 아버지의 마음을 알게 하소서.

나의 필요를 요구하는 기도가 아니라,

이제 아버지와 마음을 나누는 기도를 드립니다.

나의 친구가 되어 주시는 예수 그리스도의 이름으로

기도합니다. 아멘!

빈 둥지

떠나간 자녀들로
허전한 마음을 도와주소서

하나님 아버지, 어느덧 세월이 흘러 자녀들이 많이 자랐습니다.
어린 아기였던 때가 엊그제 같은데
언제 이리 자라 어른이 되었는지요.
그들의 인생을 잘 지켜 주신 아버지 감사합니다.
수많은 우여곡절을 이기고 여기까지 오게 하신 사랑에 감사합니다.
아무것도 해준 것이 없는 것 같은데
그래도 잘 자라 준 것에 감사합니다.

이제 그들과 더불어 누리고 싶은 마음이 간절한데
다들 떠나려 합니다.
바쁘고 힘들게 지나온 시간이었는데
이제 누릴 만하니 떠나갑니다.
이 허전한 마음을 어떻게 해야 할지 도와주소서.
아이들이 한창 예쁠 때는 너무 분주해서 즐기지 못했습니다.
이제 자기 몫을 해주길 바랄 때는 독립을 원합니다.

13

"…잘하였도다 착하고 충성된 종아
네가 적은 일에 충성하였으매 내가 많은 것을 네게 맡기리니
네 주인의 즐거움에 참여할지어다"
(마 25:21).

하나님 아버지의 시간의 섭리를 받아들이게 하소서.
아버지께서 맡겨 지키라 하셨던
그 사명을 다했음에 감사하게 하소서.
그들이 떠나서 홀로 설 수 있을 만큼
잘 키웠음에 감사하게 하소서.
자녀들의 독립은 그들이 잘 성장했다는 증거임을 알게 하소서.
기쁘게 보내 주고 자신의 삶을 살아갈 기회를 주게 하소서.

잘 자라게 하신 하나님께 감사드립니다.
돌보는 사명을 다하게 하신 은혜에 감사합니다.
무엇보다 각자의 자리에서 성숙한 가족 되게 하소서.
늘 지키시는 예수 그리스도의 이름으로
기도합니다. 아멘!

질병을 만날 때

나이 들어 점점 쇠해지는
나의 육체를 도와주소서

치유의 하나님 아버지,
나의 육체를 만드시고 나에게 영혼을 불어넣으신 아버지 감사합니다.
하나님의 창조의 능력으로 쇠할 때마다
회복시켜 주신 은혜에 감사드립니다.
나이가 들어 가면서 점점 쇠해지는 나의 육체를 도와주소서.
많이 사용했으니 낡는 것이 당연한 것이나 주님, 도와주소서.
육체의 쇠진함으로 인해 마음이 낙담함을 돌보아 주소서.

나이 들어 자신감을 잃은 것이 아니라,
질병으로 인해 더욱 그러합니다.
병과 함께 산다는 것이 얼마나 버거운 일인지요.
조금 괜찮으면 소망을 갖다가
조금 안 좋아지면 곧 소망을 잃습니다.
나의 소망의 근원이 질병으로 인해 오락가락합니다.
나의 믿음 없음을 용서하소서.

14

> "내 이름을 경외하는 너희에게는
> 공의로운 해가 떠올라서 치료하는 광선을 비추리니
> 너희가 나가서 외양간에서 나온 송아지같이 뛰리라"
> (말 4:2).

질병은 질병일 뿐 마음까지 빼앗기지 말게 하소서.

질병이 신호가 되어 나를 더욱 돌보고

사랑하는 일에 매진하게 하소서.

나을 수 있는 질병이라면 속히 낫게 하소서.

하나님의 치유의 손길에 협력하여 나의 삶을 관리하게 하소서.

하나님이 주신 좋았던 재료 그대로

회복되기 위해 노력하게 하소서.

질병이 나의 무기력함의 핑계가 되지 않게 도와주소서.

그럼에도 다시 일어나 활기찬 삶을 살 수 있게 도와주소서.

예수의 이름으로 질병이 물러가게 하시고, 일어나게 하소서.

나의 치유가 되시는 예수 그리스도의 이름으로

기도합니다. 아멘!

갱년기
- 감정의 노예

참 수고했다, 참 좋은 인생이라
칭찬하시는 주님

오늘도 나의 마음을 살펴 주시는 아버지 감사합니다.
의연하고 자신 있었던 젊은 날들의 나의 모습이
사라짐을 불쌍히 여기소서.
자꾸 서운하고, 지난 시간이 아깝고, 사람들이 원망스러워집니다.
나의 부모가 아니었다면, 나의 배우자만 아니었다면,
내 자식들만 아니었다면, 이런 전제들이 모두 사라지게 하소서.

남들에 의해서 나의 인생이 망가졌다고 원망하지 말게 하소서.
그들 때문에 내가 힘든 인생을 살았으니
억울하다 생각하지 말게 하소서.
지난 삶이 힘들었다 하더라도
힘든 것만 있지 않았음을 기억하게 하소서.
그들을 통해 얼마나 많은 것을 얻었는지는
잊고 있음을 발견하게 하소서.
오히려 그들로 인해 감사할 것을 찾고
나의 삶을 다시 회복하게 하소서.

15

"그 손의 열매가 그에게로 돌아갈 것이요
그 행한 일로 말미암아 성문에서 칭찬을 받으리라"
(잠 31:31).

내가 힘들었다면 누군가를 위해 헌신적인 삶을 살았으니
참 잘한 삶입니다.
내가 억울하다면 누군가에게 복수하지 않고 잘 인내했으니
참 잘한 삶입니다.
내 젊음을 누구 때문에 다 낭비했다면
진정 예수님처럼 사랑의 낭비를 한 삶입니다.
지지받지도, 인정받지도 못했다면
그만큼 굳건히 혼자 잘 살아왔다는 뜻입니다.

참 잘했다, 참 수고했다, 참 좋은 인생이라 칭찬하시는
주님의 음성을 듣게 하소서.
그 모든 아픔과 낭비와 희생을 재료로 오늘의 나를 만들었습니다.
그래서 이만큼 성숙했고, 그래서 이만큼 넓은 가슴을
갖게 됨에 감사합니다.
내가 나를 인정하는, 내가 나를 칭찬하는 중년의 삶을 살게 하소서.
나를 붙들어 주신 예수 그리스도의 이름으로 기도합니다. 아멘!

경제적 두려움

경제적 부족함 대신
더 큰 사랑으로 채우게 하소서

날마다 우리에게 그날그날 일용할 양식을 주시고
먹이시는 하나님 아버지 감사합니다.
철없던 젊은 시절 벌이가 시원치 않을 때도
주님이 지켜 주셨습니다.
단칸방에 살면서 근근이 살던 시절에도
굶지 않게 지켜 주심에 감사합니다.
나이가 들면서 조금씩 나아졌지만,
중년을 지나며 다시 불안함을 고백합니다.
더 힘 있게 돈을 벌 수 있는 에너지가 없어짐을 불쌍히 여겨 주소서.

자녀들의 성장에 따라 필요는 더 많아지는데,
몸은 쇠약해지고 있습니다.
마음은 간절하나 경제력은 자꾸 줄어들어 갑니다.
이 마음의 근심과 부담감을 불쌍히 여겨 주소서.
이 부담감에, 더 나이 들었을 때를 상상하며
점점 걱정이 쌓이고 있습니다.

16

> "그러므로 염려하여 이르기를
> 무엇을 먹을까 무엇을 마실까 무엇을 입을까 하지 말라…
> 너희 하늘 아버지께서 이 모든 것이 너희에게 있어야 할 줄을 아시느니라"
> (마 6:31-32).

근심한다고 달라지는 것도 없는데
걱정만 하는 것을 용서하소서.
지난날을 돌아보면 더 어려울 때도 잘 살았는데
지금이 더 걱정이 많습니다.
없으면 없는 대로 살아야 하는데,
없는 것을 갖추어야 한다고 우기며 삽니다.
젊을 때는 내가 참으면 됐는데,
지금은 자녀에게 참으라 하기가 참 어렵습니다.
부모라는 이유로 걱정만 하는 믿음 없음을 용서하소서.
주님을 더욱 신뢰하게 하소서.

일용할 양식을 주시는 주님을 향한 단순한 믿음부터 챙기게 하소서.
자녀에게 부족함이 있어도 그들도 인내해야 함을 배우게 하소서.
경제적 부족함 대신 더 큰 사랑으로 가정을 채우게 하소서.
나의 가족을 지키시는 예수 그리스도의 이름으로
기도합니다. 아멘!

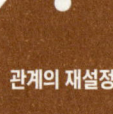

관계의 재설정

나의 못마땅한 단점들과
내가 먼저 화해하기 원합니다

나의 한창 때나 나의 시들할 때나
변함없이 사랑하시는 아버지 감사합니다.
모든 것이 빛나던 시절의 젊음은 사라졌습니다.
그래서 때로는 나의 인생을 바라보는 나의 시선이
달갑지 않음을 고백합니다.
하나님은 나를 그렇게 보지 않으시는데,
내가 오히려 나를 달가워하지 않음을 용서하소서.
하나님은 나의 모든 시절을 최고의 사랑으로
사랑하심에 감사를 드립니다.

하나님이 나를 사랑하시는 그 사랑으로 나도 나를 바라보게 하소서.
내가 나와의 관계를 스스로 소홀하게 만들지 않게 하소서.
내가 나의 빛나던 시절에는 나를 인정하다가
나의 시들한 시절에는 나를 무시하지 말게 하소서.
엄밀히 말하면, 빛나던 시절에는
빛나는 줄도 모르고 살았음을 깨닫게 하소서.

17

> "너희가 알거니와 너희 조상이 물려 준 헛된 행실에서
> 대속함을 받은 것은… 오직 흠 없고 점 없는 어린 양 같은
> 그리스도의 보배로운 피로 된 것이니라"
> (고후 5:18-19).

지나고 나니 멋있어 보였던 환상일 뿐,

나는 언제나 소중한 나였습니다.

다른 사람의 시선보다 나의 시선이 더 왜곡되었음을 알게 하소서.

아버지의 눈으로 나를 다시 바라보게 하소서.

언제나 나의 모습을, 나의 존재를, 나의 모든 부족함을

사랑하셨던 그 눈을 주소서.

내가 나를 품어 주고, 돌보아 주고, 사랑하게 하소서.

나의 못마땅한 단점들과 내가 먼저 화해하기 원합니다.

나의 잘못들을 내가 먼저 용서하게 하소서.

미숙했고 부족했던 나를 이해하고 격려하기 원합니다.

정죄하고 질책하는 나를 향한 나의 원망을

예수의 보혈로 씻어 주소서.

나를 무한 사랑하시는 예수 그리스도의 이름으로

기도합니다. 아멘!

시대의 연결 고리

세대 간의 사이에서
화목의 역사를 이루게 하소서

시대를 이끄시는 하나님 아버지,
역사를 주관하시는 아버지 감사합니다.
우리가 살아온 역사만이 아니라
앞으로 살아갈 역사도 주관하심을 믿습니다.
우리는 알 수도 없는 지난 긴 세월을 아버지께서는 모두 아십니다.
그 모든 인간의 삶 가운데 사랑으로 일하심을 인하여 감사드립니다.
오늘도 그 역사의 한 곳에서 여전히
아버지의 사랑을 받음에 감사드립니다.

지난 역사는 우리가 알 수 없으나 현재의 모습은 참으로 안타깝습니다.
부모님의 세대는 설득이 되지 않고, 자녀들의 세대는 이해가 안 갑니다.
우리의 세대는 이도 저도 아닌 것 같은 삶을 살고 있는 것 같습니다.
이해할 수 없는 세대 간의 사이에서 화목의 역사를 이루게 하소서.

"화평하게 하는 자는 복이 있나니 그들이 하나님의 아들이라
일컬음을 받을 것임이요"(마 5:9)라고 하셨습니다.

18

"화평하게 하는 자는 복이 있나니
그들이 하나님의 아들이라 일컬음을 받을 것임이요"
(마 5:9).

모든 세대의 중간에 있는 이 중년의 위치에서
세대 간의 화목을 이루는 자 되게 하소서.
자녀들의 세대가 우리 부모님의 세대를 이해할 수 있도록
돕는 자 되게 하소서.
그러기 위해 내가 먼저 그들을 포용하고 이해하기 원합니다.
이전 세대의 존경할 점들을 내가 먼저 배우는 모범을
보여 주게 하소서.
자녀들 앞에서 우리 부모님의 흉을 보는 일을 멈추게 하소서.

끝없이 자녀들의 세대와 대화를 시도하고 노력하게 하소서.
그들에게 부모의 세대가, 조부모의 세대가
너희를 사랑함을 마음으로 전하게 하소서.
머리로 이해할 수 없다면 가슴으로 감동시키는 징검다리 되게 하소서.
모든 세대를 위해 희생하신 예수 그리스도의 이름으로
기도합니다. 아멘!

하나님의 약속

우리 가정이
복의 통로가 되게 하소서

나에게 복 주기 원하시는 아버지로 인하여
감사와 찬양을 드립니다.
"여호와는 네게 복을 주시고 너를 지키시기를 원하며
여호와는 그의 얼굴을 네게 비추사 은혜 베푸시기를 원하며
여호와는 그 얼굴을 네게로 향하여 드사 평강 주시기를
원하노라 할지니라 하라
그들은 이같이 내 이름으로 이스라엘 자손에게 축복할지니
내가 그들에게 복을 주리라"(민 6:24-27).

얼마나 많은 순간 왜 하나님은
내게 복을 주지 않으시냐며 원망하였던지요.
나의 가벼움과 믿음 없었음을 용서하여 주소서.
하나님은 언제나 간절히 내게 복 주기 원하시는 분임을 믿습니다.
이제 이 말씀의 약속이 나의 삶 가운데도
동일하게 존재함을 믿습니다.
아버지께서 원하시는 그 복을 나의 중년의 삶 가운데 부어 주소서.

19

> "여호와는 그 얼굴을 네게로 향하여 드사 평강 주시기를 원하노라 할지니라 하라 그들은 이같이 내 이름으로 이스라엘 자손에게 축복할지니 내가 그들에게 복을 주리라"
> (민 6:26-27).

나를 지켜 주소서.
아버지의 얼굴을 내게 비추소서.
그 은혜로 매일의 삶을 살게 하소서.
아버지의 평강을 허락하소서.
내가 나의 얼굴을 피하지 않고
주를 향하여 높이 들겠나이다.

이 모든 복이 우리 가정의 삶 가운데
흘러들어와 넘쳐 나게 하소서.
그 복이 흘러넘쳐 우리 주변 사람들에게까지
흘러가게 하소서.
우리 가정이 복의 종착지가 아니라,
복의 통로가 되게 하소서.
넘치는 복을 부어 주시는 예수 그리스도의
이름으로 기도합니다. 아멘!

두 번째
인생 살기

중년의 인생은
나에게 주어진 두 번째 인생입니다

나의 역사가 되시는 하나님 아버지,
언제나 나의 삶에 한결같이 일하시는 아버지 감사합니다.
나의 살아온 세월은 모두 하나님과 함께했던 역사입니다.
내가 아버지를 알기도 전에 하나님은 나와 함께하셨습니다.
얼마나 감사한지요. 얼마나 놀라운지요.
아버지의 넘치는 사랑에 다시 한번 감격합니다.

중년의 인생은 나에게 주어진 두 번째 인생이라 생각합니다.
이 두 번째 인생을 새로운 마음으로 기쁘게 맞이하게 하소서.
새로 변화된 나를 발견하고,
새로운 방식으로 살아갈 용기를 허락하소서.
그리고 무엇보다 지난 삶의 찌든 때를 벗겨 내게 하소서.
미워하고, 원망하고, 한탄하고, 수치스러웠던
모든 기억을 지워 버리게 하소서.

20

> "…오직 한 일 즉 뒤에 있는 것은 잊어버리고
> 앞에 있는 것을 잡으려고 푯대를 향하여 그리스도 예수 안에서
> 하나님이 위에서 부르신 부름의 상을 위하여 달려가노라"
> (빌 3:13-14).

예수 그리스도의 보혈로 나의 모든 죄악을 씻어 주소서.
예수 그리스도의 능력으로 지난 삶의 묵은 때를
말끔히 씻어 내고 잊게 하소서.
그리고 다시 한번 보다 성숙한 사람으로
새로운 인생을 위해 도전하게 하소서.
해보지 않았던 일들을 시도하고,
하고 싶었던 일들에 도전하게 하소서.
많은 핑계로 미루어 두었던 일들을
더 이상 미루지 않게 도와주소서.

세월을 아껴 주어진 날들을 새로운 것으로 채우게 하소서.
익숙한 것에 안주하면서 다른 인생을 바라지 말게 하소서.
똑같이 행하면서 변화를 구하는 어리석음에서 벗어나게 하소서.
날마다 새로우신 예수 그리스도의 이름으로
기도합니다. 아멘!

자연스러움, 그것의 아름다움

나이가 들면서 변화하는 세상에 대해 순응하지 않고
나의 경험만 강요한다면 우리는 어김없이 꼰대가 될 것입니다.
과거와 내 경험만을 고집하고, 내 생각에 제일 좋았던 때에 머물려 하면
우리는 점차 아름다움을 잃게 됩니다.
하나님께서 흐르게 하신 세월과 섭리에 순응하는 것은 아름다운 일입니다.
주인공의 자리에서 물러나도 괜찮습니다.
그때마다 주신 자연스러움 속에서 우린 여전히 아름다우니까요.

_김민정 저, 「쉬며 읽으며 쓰며」 중에서

시대를 배우기

지금의 시대를 살아가는 법을
배우게 하소서

날마다 새로운 은혜로 우리 가운데 거하시는 아버지 감사합니다.
하나님의 사랑은 언제나 동일하지만, 또한 언제나 새롭습니다.
창조의 하나님의 새로움이 나의 삶 가운데도 가득하게 하소서.
살아온 세월이 많은 만큼 너무 많은 것이 식상해졌습니다.
이제 반복되는 식상함을 벗어버리고
새로운 시간을 누리게 하소서.

내가 살아왔던 시대는 이미 지나가고
하루하루가 달라지는 시대를 살고 있습니다.
앞으로 살아야 할 날이 아직 긴데
나의 시대를 고집하지 말게 하소서.
지금의 시대를 살아가는 법을 배우게 하소서.
귀찮고 버거운 일이라 하더라도
배우고 따라가는 것을 포기하지 말게 하소서.
그래야 즐겁게 이 시대를 살 수 있음입니다.

21

"또 우리 사람들도 열매 없는 자가 되지 않게 하기 위하여
필요한 것을 준비하는 좋은 일에 힘쓰기를 배우게 하라"
(딛 3:14).

젊은 사람들의 지식을 배우기 원합니다.
그들의 태도에 대한 불만에 묶여
모든 것을 거절하지 말게 하소서.
태도가 불량하다고 그 사람의 모든 것이 불량한 것이 아님을
인정하게 하소서.
젊은이들에게 배우는 일을 부끄럽게 여기지 말게 하소서.
도움을 받고 함께 소통하기 위한 노력이 곧 나를 풍요롭게
할 것입니다.

모두 아버지께서 만드신 세대입니다.
이 세대들의 격차 속에서 내가 다리를 놓는
피스메이커가 되게 하소서.
먼저 겸손히 그들에게 다가가 소통의 길을 만드는,
화목케 하는 자 되게 하소서.
나의 주 예수 그리스도의 이름으로 기도합니다. 아멘!

부모의 죽음

그동안 부모님을 지켜 주신 아버지, 감사합니다

생을 주관하시는 하나님 아버지,
중년을 맞이하며 부모님의 연로함을 동시에 맞이합니다.
그동안 부모님을 지켜 주신 아버지 감사합니다.
때로는 나만 나이가 드는 것처럼 착각하고 살지만,
주위를 둘러보면 그렇지 않습니다.
아이들은 어른이 되어 가고,
부모님은 생의 마감을 맞이하기도 합니다.
이렇게 시간이 가고 세대가 바뀔 때마다
그 상실감 가운데 하나님이 함께하여 주소서.

불현듯 맞이하는 부모님의 죽음 앞에 참으로 무능함을 고백합니다.
좋은 부모든 나쁜 부모든 모든 부모님의 죽음은 후회를 남깁니다.
알면서 늘 왜 살아 계실 때 잘 못 해 드리는지.
나의 이기심을 용서하소서.
나의 게으름과 이기심 때문에 언제나 후회하는 임종을 맞이하게 됩니다.
만약 살아 계신 부모님이 있다면 두 배의 노력으로 돌봐 드리게 하소서.

22

> "범사에 기한이 있고 천하만사가 다 때가 있나니
> 날 때가 있고 죽을 때가 있으며
> 심을 때가 있고 심은 것을 뽑을 때가 있으며"
> (전 3:1-2).

내가 그 나이가 되었을 때 자식들에게 무엇을 원할까
돌아보게 하소서.
늘 그 나이를 맞이하면서 후회를 반복하는 삶을
조금이라도 끊어 내게 하소서.
또한 부모님의 죽음을 현실로 맞는 순간이 온다면
천국의 소망으로 감사하게 하소서.
하나님이 베푸신 인생의 섭리가 태어나고 자라고
죽는 것임을 인정하게 하소서.
후회하기 전에 잘하고, 임종하신 후는 받아들이게 하소서.

부모님을 주심에 감사합니다.
만질 수 있을 때, 목소리를 들을 수 있을 때
그 복을 스스로 누리게 하소서.
부모님을 위한 섬김이 아니라 결국 나를 위한
누림이라는 것을 깨닫게 하소서.
인생을 주관하시는 예수 그리스도의 이름으로 기도합니다. 아멘!

관계의 재설정

중년을 지나며
많은 관계가 변화됨을 느낍니다

언제나 나를 자녀로 돌보시는 하나님 아버지 감사합니다.
중년을 지나며 많은 관계가 변화됨을 느낍니다.
얻는 관계보다 잃어버리는 관계가 더 많아질 때
주님의 도우심을 구합니다.
내가 무언가를 잘못하지 않아도
자녀들은 성장하며 조금씩 멀어집니다.
부모님은 떠나고 배우자와의 관계도 소원해집니다.

중년이 되어 관계가 변화될 때
죄책감에 시달리지 않게 도와주소서.
나의 잘못으로 인한 것이 아니라
세월에 의한 변화임을 받아들이게 하소서.
놓아 줘야 할 때 놓아 주는 믿음을 갖게 하소서.
자녀의 온전한 성장을 위해 집착하지 말게 하소서.
부모님의 떠남이 비록 슬프나 섭리로 받아들이게 하소서.

23

"그런즉 너희가 어떻게 행할지를
자세히 주의하여 지혜 없는 자같이 하지 말고
오직 지혜 있는 자같이 하여"
(엡 5:15).

그럼에도 조금은 멀어진 관계가
물리적인 것이지 마음은 아니기 원합니다.
자녀를 향하여 늘 관여하고, 참견하고, 지시했던 관계였다면
이제 요청할 때 도와주고, 기도하고, 믿어 주는 관계 되게 하소서.
자녀의 모든 것을 알아야 한다는 강박관념을 버리게 하소서.
그들의 사생활을 인정하고 모든 불안한 마음은
하나님께 기도함으로 맡기게 하소서.

내가 알아야 해결할 수 있다는 집착보다
하나님께 맡겨야 해결할 수 있다는 믿음을 주소서.
내 손 밖에 있어도 서로 사랑하는 관계일 수 있음을 믿게 하소서.
물리적인 관계의 거리를 인정하고 자유하게 하소서.
자녀들의 보호자 되시는 예수 그리스도의 이름으로
기도합니다. 아멘!

진정한 노후 준비

참된 노후 준비,
기도로부터 시작합니다

나의 백발이 되기까지
함께하겠다 약속하신 아버지 감사합니다.
그 약속이 얼마나 큰 위로와 힘이 되는지요.
나의 어린 시절만이 아니라
나의 늙어 가는 모든 과정을 책임지겠다 약속하셨습니다.
그 약속을 믿고 오늘도 담대하게 나아갑니다.
나의 모든 실수까지도 합력하여 선을 이루시는 주님을
믿고 달려갑니다.

중년에 들어 노후를 향한 근심과 걱정을
주님 앞에 내어 맡깁니다.
주님이 계셔서 지금까지처럼 나를,
그리고 가족을 지켜 주실 것을 믿습니다.
가족을 위해 지고 있던 짐이 버거워질 때
주님께 짐을 내려놓습니다.
내가 책임질 수 없는 모든 것을 능력의 아버지께 맡겨 드립니다.

24

> "너희가 내게 부르짖으며 내게 와서 기도하면
> 내가 너희들의 기도를 들을 것이요
> 너희가 온 마음으로 나를 구하면 나를 찾을 것이요 나를 만나리라"
> (렘 29:12-13).

오히려 더 나은 대안으로 인도하실 줄 믿습니다.
다급해진 마음으로 노후를 근심하기 전에 기도하게 하소서.
다급해진 마음으로 더욱 기도에 힘쓰게 하소서.
모든 영역을 주님께 내어 맡기는 것이
가장 지혜로운 일임을 인정합니다.
참된 노후 준비는 기도로부터 시작해야 함을 믿습니다.
내 전 인생의 베스트 플랜을 가지고 계신 주님을 믿고 신뢰합니다.

매일매일 더 많은 시간 하나님께 나아가
말씀을 보고 기도하게 하소서.
그래서 나를 향한 노후의 하나님의 계획을 엿볼 수 있게 하소서.
그 믿음으로 급한 마음을 내려놓고
평안으로 노후를 준비하기 원합니다.
나의 전 인생의 주인 되시는 예수 그리스도의 이름으로
기도합니다. 아멘!

하나님의 약속

나를 업고 달려오신
주의 사랑

나의 아버지 하나님,
"야곱의 집이여 이스라엘 집에 남은 모든 자여 내게 들을지어다
배에서 태어남으로부터 내게 안겼고 태에서 남으로부터 내게 업힌
너희여 너희가 노년에 이르기까지 내가 그리하겠고 백발이 되기까지
내가 너희를 품을 것이라 내가 지었은즉 내가 업을 것이요
내가 품고 구하여 내리라"(사 46:3-4).
아버지 되신 하나님의 약속의 말씀을 믿고 신뢰합니다.

나를 태어나게 하시고, 나를 안으시고,
나를 업으신 아버지 감사합니다.
나의 모든 지난 길을 나를 업고 여기까지 오셨습니다.
나는 내가 걷고 있다 생각하고 내가 달리고 있다 생각했지만,
실은 업혀 있었습니다.
내가 고난당할 때 하나님은 안 계시다 원망했지만,
그때도 업혀 있었음을 고백합니다.
나의 불신과 원망의 말들을 모두 용서하여 주소서.

25

> "너희가 노년에 이르기까지 내가 그리하겠고
> 백발이 되기까지 내가 너희를 품을 것이라
> 내가 지었은즉 내가 업을 것이요 내가 품고 구하여 내리라"
> (사 46:4).

광야 길에서의 이스라엘 백성과 다를 바 없는
인생을 살았음을 회개합니다.
시마다 때마다 슬퍼하고, 원망하고, 하나님을 외면했습니다.

용서하소서.
그럼에도 항상 동일한 사랑으로 나를 업고 달려오신
주의 사랑에 감사합니다.
이제 나의 남은 중년과 노년의 시간을 주님께 맡겨 드립니다.
나의 삶을 주관하시는 아버지의 주권 앞에
나의 생명을 내려놓습니다.

나의 기한이 다하는 그날까지 나를 지키소서.
나의 살아 있는 모든 순간, 나의 주인이 되어 주소서.
내가 생명 다하는 그날까지
주님을 찬양하며 사랑하며 살게 하소서.
나의 모든 것 되시는 예수 그리스도의 이름으로 기도합니다. 아멘!

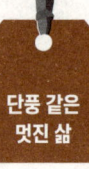

단풍 같은 멋진 삶

아버지의 순리대로
잎사귀의 힘을 내려놓고 붉게 물들이기

계절의 주인이신 하나님 아버지,
아름다운 사계절을 주신 아버지 감사합니다.
봄에는 새로운 생명의 아름다움을 주시니 감사합니다.
여름에는 가장 강렬한 뜨거움으로 채워 주시니 감사합니다.
가을에는 청명하며 풍성한 아름다움을 주시니 감사합니다.
겨울에는 모든 불의를 죽이고 순결한 생명을 품게 하시니 감사합니다.

어떤 계절도 아름답지 않은 계절이 없으며
의미 없는 계절이 없습니다.
하나님의 일하심이 이러함에 감사드립니다.
어느 인생도 아름답지 않은 인생이 없으며
의미 없는 인생이 없습니다.
뜨거운 여름을 지났으나
또한 모두가 기다리는 아름다운 가을이 왔습니다.
나의 인생의 중년이 이제 가을로 접어들 때
내려놓음을 배우게 하소서.

26

> "나에게 이르시기를 내 은혜가 네게 족하도다
> 이는 내 능력이 약한 데서 온전하여짐이라 하신지라…"
> (고후 12:9).

아름답게 물들여야 떨어지는데,
나는 물들이지 않고 떨어지지 않겠다 우기지 말게 하소서.
아버지의 순리대로 내 잎사귀의 힘을 내려놓고
붉게 물들이는 용기를 허락하소서.
꽃보다, 상상할 수 없는 광활한 넓이로
세상을 물들이는 단풍이 되게 하소서.

꽃은 하나하나를 주목하지만,
단풍은 모든 세상을 주목하게 만듭니다.
세상을 아름답게 하는 중년 되게 하소서.
나를 주목하라 외치지 않고,
온 세상을 이롭게 하는 중년의 시간을 보내게 하소서.
다른 사람을 위해 내가 변화되는 용기를 주소서.
아버지와 손잡고 이 한 시절 온 세상을 아름답게
덮을 수 있는 그릇 되게 하소서.
세상을 아름답게 만드신 예수 그리스도의 이름으로 기도합니다. 아멘!

인생의 해석

살면서 아름다운 것을
가슴에 품게 하소서

날마다 나와 동행하시는 신실하신 하나님 아버지 감사합니다.
40년, 50년, 60년을 한결같이 함께하신 아버지 감사합니다.
나는 때로 하나님을 잊고 산 날들이 많지만,
아버지는 한 번도 나를 잊지 않으셨습니다.
나는 하나님과의 약속을 잊고 지냈던 날들이 많지만
아버지는 잊지 않으셨습니다.
그렇게 함께하시고, 약속을 지키시고, 인도하셨음에 감사합니다.

나의 사는 날의 모든 힘의 근원이 아버지께 있습니다.
나를 여전히도 지키시는 아버지로 인하여
오늘 내가 담대히 살아갑니다.
오늘 나도 나의 자녀들에게 신실하기 원합니다.
나의 동료들에게, 나의 이웃에게,
내가 사랑하는 모든 사람에게 말입니다.
하나님이 나를 사랑하신 방법대로
나도 다른 사람을 사랑하겠습니다.

27

"모든 지킬 만한 것 중에 더욱 네 마음을 지키라
생명의 근원이 이에서 남이니라"
(잠 4:23).

중년을 지나가며 마음이 좁아지고, 섭섭해지고,
원망이 쌓이지 말게 하소서.
내가 기억하고 마음에 담는 것이
섭섭한 것들이 아니라 감사한 것들이 되게 하소서.
나의 배우자가, 나의 자녀가
얼마나 나를 사랑했는지를 기억하게 하소서.
나의 동료가, 나의 이웃이
얼마나 나를 도왔는지를 기억하게 하소서.

마음에 담는 것이 내가 된다는 것을 잊지 않고 좋은 것 담게 하소서.
살면서 나의 얼굴이 사랑과 평안으로 가득하길 원합니다.
사랑받았던 것, 사랑했던 것, 따뜻했던 것,
좋았던 것을 마음에 담게 하소서.
나쁜 것을 잊고 아름다운 것을 가슴에 품게 하소서.
나에게 가장 아름다우신 예수 그리스도의 이름으로
기도합니다. 아멘!

육체의 연약함

나이에 맞게 주시는
하나님의 은혜

어제의 모든 고단함을 씻어 주시는 나의 아버지 감사합니다.
날이 갈수록 몸이 더욱 무거워지는 것 같습니다.
젊을 때를 생각하면 하염없이 약한 육체를 가지고 있으나
어제를 생각하면 별로 변한 것은 없습니다.
너무 멀리 생각하지 말게 하시고,
어제와 같은 나를 유지하게 하소서.

나이가 들수록 욕심을 버리게 하소서.
나에게 주신 아버지의 분깃을 기억하며
나의 분수에 맞게 살기 원합니다.
예전처럼 돈을 벌지 못함에 안타까워 말게 하소서.
예전 같은 건강이 아님에 속상해하지 말게 하소서.
예전처럼 기억력이 좋지 않음에 마음 상하지 말게 하소서.

28

"여호와는 나의 목자시니
내게 부족함이 없으리로다"
(시 23:1).

나이에 맞게 주시는 하나님의 은혜에 감사하기 원합니다.
여전히 나에게는 경제를 이어 갈 능력이 있고,
여전히 나에게는 남은 건강이 있으며,
여전히 나에게는 기억할 수 있는
많은 추억이 있음에 감사합니다.

잃어버린 것도 많지만, 새로 얻는 것도 많음에 감사합니다.
나이가 들수록 지혜롭게 하시니 감사합니다.
조금 더 인내가 늘고, 마음의 여유를 주시니 감사합니다.
사람들을 품어 안을 수 있는 마음을 주시니 감사합니다.
나의 어릴 때에도, 지금도, 앞으로도 함께하시는
예수 그리스도의 이름으로 기도합니다. 아멘!

은퇴

먹고 사는 모든 일의 주관자가
하나님이십니다

나의 능력이 되시는 하나님 아버지,
내게 일할 힘을 허락하시고
재물 얻을 능을 주신 아버지 감사합니다.
그동안 세상에서 일할 수 있는 힘을 주신 분이 하나님이십니다.
그로 인해서 참으로 오랜 시간 일할 수 있었음에 감사드립니다.
나의 힘만으로 할 수 없었던 많은 일을 할 수 있었습니다.
지난 모든 시간 함께하셨던 주님을 찬양합니다.

나이가 들어 일할 수 있는 기회가 줄어들었으나
낙담하지 말게 하소서.
지난 시간 오래 일했던 나에게 당당한 쉼을 허락하소서.
일하지 않으면 가치가 없다는 세상의 가치를 버리게 하소서.
하나님은 인간을 6일에 창조하시고 7일째에 쉬게 하셨습니다.
인간이 만들어지고 만난 첫날은 안식의 날이었습니다.

29

"그가 나를 푸른 풀밭에 누이시며
쉴 만한 물가로 인도하시는도다"
(시 23:2).

쉼을 먼저 가지는 것이 인간이 해야 할 첫 본분임에 감사합니다.
그동안 스스로가 일하지 않으면
쉴 가치도 없다 여겼음을 용서하소서.
안식하고 일했어야 하는데,
일해야만 안식할 자격이 있는 것처럼 생각했습니다.
인간의 오만이었음을 회개합니다.
인생의 긴 노동을 마친 나에게 참된 안식을
스스로가 선물하게 하소서.

먹고 사는 모든 일의 주관자가 하나님이심을 믿습니다.
일용할 양식을 주시는 아버지를 진짜 신뢰할 때가 왔습니다.
이제 그 믿음을 가지고 쉼을 얻고 다시 일어날 기운을 얻게 하소서.
언제나 나를 안아 주시는 예수 그리스도의 이름으로
기도합니다. 아멘!

눈높이 조정하기

하나님이 때마다 주시는
나의 분깃에 감사하게 하소서

때마다 시마다 나와 함께하시는 아버지,
언제나 나의 모든 순간을 지키시고 함께하시는 아버지 감사합니다.
중년이 되기까지 살면서 참 많은 것이 변해 왔습니다.
무엇보다 나 자신이 많이 변해 온 것에 감사를 드립니다.
미숙한 것들이 성숙해졌고, 부족했던 것들이
채워져 왔음에 감사드립니다.
없던 것들이 생겼고, 모르던 것들을 알게 됨에 감사드립니다.

그러나 이제 존재하던 것들이 사라지고,
강성하던 것들이 약해질 때도 있음을 고백합니다.
가졌던 것들을 잃을 때 없던 것을 가졌던 것처럼 의연하게 하소서.
모든 영역에서 최고의 때만을 기억하지 않게 하소서.
때로 잃어버리고, 부족해지고, 공허해질 때도
나의 눈높이를 조정하게 하소서.
하나님이 때마다 시마다 주시는 나의 분깃에 감사하게 하소서.

30

> "평강의 주께서 친히 때마다 일마다 너희에게 평강을 주시고
> 주께서 너희 모든 사람과 함께하시기를 원하노라"
> (살후 3:16).

잃어버리는 순간 내가 누려 왔던 것들에 감사하게 하소서.
약해지는 순간 내가 강했던 시절이 있었음에 감사하게 하소서.
낮아지는 순간 내가 높았던 때가 있었음에 감사하게 하소서.
병드는 순간 나의 건강했던 긴 시간을 찬양하게 하소서.
그렇게 높아지고 낮아지는 모든 순간,
나의 눈높이를 조정하게 하소서.

하나님의 섭리에 순응하는 믿음을 허락하소서.
하나님의 인도하심에 만족하며 감사하는
아버지의 자녀 되게 하소서.
나의 모든 것에 자족하며 감사를 드립니다.
나의 만족이 되시는 예수 그리스도의 이름으로
기도합니다. 아멘!

시대의 연결 고리

끼어 있는 세대이나
그래서 많은 덕을 보았음에 감사합니다

하나님은 언제나 동일한 모습으로
나를 인도하심에 감사를 드립니다.
하나님은 한결같으신데 시대는 너무 빨리 변화됩니다.
우리 부모님의 세대는 전쟁을 겪은 과거의 기억으로 살고 계십니다.
우리 중년의 세대는 그 부모님을 부양하며 삽니다.
그런데 우리 자녀의 세대는 우리를 부양하지 않는 세대입니다.

하나님, 때로 참 억울한 시대를 살고 있다는 마음이 듭니다.
우리는 섬겨야 하나, 우리는 섬김을 받지 못하는 시대입니다.
이 중간에 끼어 있는 세대를 살면서
마음에 억울함을 내려놓게 하소서.
내가 전쟁을 겪지 않았으니 감사하다 여기게 하소서.
그 아픔을 견디며 우리의 발판이 되어 주신
부모님의 세대에 감사하게 하소서.
그저 그 감사한 마음으로 부모님을 공경하게 하소서.

31

> "네 아버지와 어머니를 공경하라 이것은 약속이 있는 첫 계명이니
> 이로써 네가 잘되고 땅에서 장수하리라 또 아비들아 너희 자녀를
> 노엽게 하지 말고 오직 주의 교훈과 훈계로 양육하라"
> (엡 6:2-4).

십계명의 말씀에 순종하는 마음으로
부모님을 섬기게 하소서.
자녀의 세대가 스스로의 삶에 집중하느라
부모를 모른다 여길 때 섭섭해 말게 하소서.
우리 시대는 그래도 아름다운 자연과 낭만의 시대를 살았습니다.
공부하는 것도, 취직하는 것도 살 만했고,
덜 척박했음에 감사하게 하소서.

끼어 있는 세대이나 그래서 많은 덕을 보았음에 감사하게 하소서.
억울한 마음을 벗어버리고,
그래도 좋은 시대를 지나 왔음에 감사드립니다.
세대마다 장단점을 주셔서 나름의 시대를 살게 하신
아버지의 섭리에 감사드립니다.
나의 역사가 되시는 예수 그리스도의 이름으로
기도합니다. 아멘!

**하나님과
더 깊어지기**

이제는 더 미루지
않겠습니다

나의 모든 것 되시는 하나님 아버지,
언제나 한결같이 나를 사랑하신 아버지 감사합니다.
하나님은 나를 향하여 "나의 사랑, 나의 신부"라 하셨습니다.
신랑을 기다리는 신부의 마음으로 하나님을 갈망합니다.
비록 중년이 되어서야 하나님을 다시 찾게 되었으나
이제 더욱 사랑하기 원합니다.
나의 몸과 마음과 뜻을 다하여 주님을 사랑하기 원합니다.

늘 바쁘다는 핑계로 하나님을 멀리하였음을 용서하소서.
사실은 바쁜 것이 아니라 우선순위가 밀렸음을 회개합니다.
바쁘다는 것도, 피곤하다는 것도 모두 회피였습니다.
바빠도, 피곤해도 할 건 다 하면서 하나님만 미루었습니다.
나의 어리석음과 마음 없음을 용서하소서.

이제는 더 미루지 않겠습니다.
나의 영원한 동반자 되시는 하나님을 향하여

32

"나를 사랑하는 자들이 나의 사랑을 입으며
나를 간절히 찾는 자가 나를 만날 것이니라"
(잠 8:17).

마음을 쏟아 알아 가고 사랑하기 원합니다.
주님의 말씀을 더 알기 원합니다.
주님의 보좌 앞에 더욱 나가기 원합니다.
나를 향한 기나긴 사랑의 편지인 성경 말씀을
더욱 묵상하고 기억하겠습니다.

아버지여, 나의 가는 길을 인도하여 주소서.
아버지의 사랑이 어떤 것인지
이제 머리가 아니라 마음으로 와닿게 하소서.
예배의 자리에, 기도의 자리에, 말씀의 자리에
언제나 나아가겠습니다.
나의 전부가 되시는 예수 그리스도의 이름으로
기도합니다. 아멘!

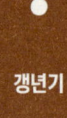

갱년기

아파서 감사하고,
불편해서 감사합니다

날마다 새로운 날을 선물로 주시는 하나님 감사합니다.
젊음의 날에는 새날이 그렇게 귀하고 좋은지 몰랐습니다.
나이를 먹으니 오히려 하루하루가 너무 소중함을 고백합니다.
늘 같은 소중한 날이었는데, 이제야 감사하게 되었습니다.
오늘도 24시간의 기회를 주신 아버지를 찬양합니다.

비록 몸이 불편하고 아픈 구석들이 많이 있지만,
그럼에도 하나님을 찬양하고 감사를 드립니다.
아파서 감사하고, 불편해서 감사합니다.
아프지 않았다면 완전히 망가질 만큼 모질게
나의 몸을 썼을 것입니다.
불편하지 않았다면 몸이 불편한 사람을 이해하지
못했을 것입니다.

33

"범사에 감사하라
이것이 그리스도 예수 안에서
너희를 향하신 하나님의 뜻이니라"
(살전 5:18).

나이 듦이 복임을 고백합니다.
하나님이 주신 모든 때가 아름다운 것임을 믿습니다.
내가 가진 것이 육체만이 아님을 기억하게 하소서.
나의 영혼과 추억도, 지식도, 지혜도, 이루어 놓은 열매들도
모두 내 삶입니다.
단지 육체의 후패함 때문에 모든 것을 잃은 듯
좌절하지 말게 하소서.

살아온 모든 날이 하나님 앞에 역사이고 순종의 길입니다.
그 길의 가치는 하나님의 손에 있으니 나의 중심을 받아 주소서.
나의 육체만이 아니라 다른 모든 것을 더 기뻐하심을 믿습니다.
나의 전부이신 예수 그리스도의 이름으로 기도합니다. 아멘!

나를 사랑하기

앞으로의 날들을
주님의 손에 올려 드립니다

나의 모든 것 되시는 하나님 아버지,

날마다 나의 소망 되시는 아버지를 사랑합니다.

매일 나의 고백이 하나님을 향한 사랑의 고백이 되게 하소서.

철없을 때에는 아버지께 달라고만 하며 살았던 것을 회개합니다.

뭐가 그렇게 필요한 게 많은지,

필요 목록만으로 기도했음을 용서하소서.

이제 조금 더 성숙하여 아버지의 마음을 알게 하소서.

지난 나의 삶을 돌아보며

하나님이 아니고서는 안 되는 것을 알게 되었습니다.

결국 하나님이 힘 주셔야 가능함을 고백합니다.

결국 하나님이 허락하셔야 가능함을 인정합니다.

그래서 아버지께서 나의 모든 것 되심을 고백하고 기뻐합니다.

나의 앞으로의 날들을 주님의 손에 올려 드립니다.

34

"나의 앞날이 주의 손에 있사오니…
주의 얼굴을 주의 종에게 비추시고
주의 사랑하심으로 나를 구원하소서"
(시 31:15-16).

인생의 중간 턱에 서서
앞으로 어떻게 살아야 할지를 주님께 묻습니다.
무엇을 하고 살아야 할지,
어떤 마음으로 살아야 할지 알게 하소서.
그 무엇보다 내가 나를 더 사랑할 수 있는 지혜를 허락하소서.
가족을 챙기느라, 부모를 챙기느라 나를 사랑하지 못했습니다.
그래서 어떻게 하는 것이 나를 사랑하는 것인지조차
알지 못합니다.

주님의 손을 붙들고 한 걸음, 한 걸음 다시 배우게 하소서.
나를 사랑하고 귀히 여기는 법을 배워 실천하게 하소서.
그래서 하루하루가 더 값지고 소중한 날이 되게 하소서.
나의 모든 것 되시는 예수 그리스도의 이름으로
기도합니다. 아멘!

**두 번째
인생 살기**

이제는 주님이 앞서가시는 길을
따르기 원합니다

승리의 하나님 아버지,
살면서 참 많은 선택을 하면서 살아왔습니다.
때로는 성공적이었고, 많은 순간 실패했습니다.
합력하여 선을 이루시는 아버지의 도우심으로
그 모든 것이 의미 있었음에 감사합니다.
성급했던 많은 순간을 회개합니다.
내 힘으로 하려 덤볐던 만용의 순간들을 용서하소서.

이제 조금 다르게 살기 원합니다.
나의 만용이 아니라, 나의 성급함이 아니라 아버지의 뜻을 구합니다.
이제는 내가 앞서는 것이 아니라,
주님이 앞서가시는 길을 따르기 원합니다.
내가 아버지를 앞서는 일이 없게 하소서.
주님이 먼저 가시고 그 등을 바라보며
순종하는 삶이 되게 하소서.

35

> "사람이 나를 섬기려면 나를 따르라
> 나 있는 곳에 나를 섬기는 자도 거기 있으리니
> 사람이 나를 섬기면 내 아버지께서 그를 귀히 여기시리라"
> (요 12:26).

나의 모든 조급함을 내려놓습니다.

나에게 주어진 모든 시간과 환경도

모두 주님의 것임을 인정하고 받아들입니다.

모든 것이 아버지의 주권 안에 있습니다.

그러니 주여, 나를 인도하여 주소서.

내가 조금 더 아버지와 친밀하게 동행하기 원합니다.

더 많이 기도하겠습니다.

더 새로운 길로 인도하소서.

더 주님과 가까이 머물며

주님의 뜻을 따라 세월을 아끼게 하소서.

나의 동행자 되시는 예수 그리스도의 이름으로

기도합니다. 아멘!

나를 존중하기

나를 기능보다
존재로 귀히 여기게 하소서

나의 태어남을 기뻐하신 아버지 감사합니다.
주님은 나의 주인이시며 나의 모든 것이십니다.
나를 이 땅에 보내실 때
이 땅에서의 사명을 부여하심에 감사합니다.
제대로 잘 알지는 못했지만,
그래도 열심히 살아왔음을 고백합니다.
모든 부족함을 주님이 채워 주셔서 여기까지 올 수 있었습니다.

살면서 때로는 자녀였고, 때로는 부모였고,
때로는 신입사원이었고, 때로는 상사였습니다.
여러 역할로 바뀌며 살다 보니 주어진 역할에 충실하느라
나를 돌아보지 못했습니다.
언제나 내가 해야 할 일에만 집중했습니다.
자녀를 키우느라, 직장에서 일하느라, 살림에 집중하느라···.
나는 존재가 아니라 기능이었습니다.

36

"네가 내 눈에 보배롭고 존귀하며
내가 너를 사랑하였은즉…"
(사 43:4).

하나님이 그러라고 시키신 것도 아닌데,
내가 나를 기능으로 만들어 버렸습니다.
이제 중년의 시간에는 나를 기능보다 존재로 귀히 여기게 하소서.
누가 그렇게 만들지 않았는데
내가 스스로 기능으로 만들었던 것처럼
이제 누가 그렇게 대하지 않아도
내가 스스로 나를 존재로 귀히 여기게 하소서.
누구보다 나를 내가 존중하게 하소서.

내가 피곤할 때 내가 나를 쉴 수 있게 하기 원합니다.
내가 기뻐할 수 있는 일들을 내가 선택하며 살기 원합니다.
더 이상 남을 핑계 대며 나를 혹사하는 일을 멈추게 하소서.
나에게 쉼을 주시는 예수 그리스도의 이름으로 기도합니다. 아멘!

봄날 같은 나이

마른 뼈를 살리시는
아버지의 능력을 믿습니다

오늘도 주님의 사랑으로 살아가게 하신 아버지 감사합니다.
어제는 겨울이었지만, 오늘은 봄날 같게 하소서.
시간의 주인은 하나님이시니,
나의 인생의 시간도 주께서 주관하여 주소서.
여름 같은 날이어도 내가 마음을 닫으면 겨울임을 고백합니다.
내가 아버지의 따스한 햇살을 거절하며
나의 봄은 지나갔다 함을 용서하소서.

날마다 따스한 태양으로 우리를 비추시는
아버지의 사랑을 받아들입니다.
하나님이 나에게 주신 모든 날은 아름다운 것임을 믿습니다.
때로 고난이 있지만,
고난은 고난대로의 아름다움이 있음을 믿습니다.
바람이 불어야 봄날에 새싹이 흔들리며 자라나는 것처럼,
나의 인생에 부는 바람도 나를 자라게 하는 아름다움이었습니다.

37

> "…너희 마른 뼈들아 여호와의 말씀을 들을지어다
> 주 여호와께서 이 뼈들에게 이같이 말씀하시기를
> 내가 생기를 너희에게 들어가게 하리니 너희가 살아나리라"
> (겔 37:4-5).

아마 오늘도, 내일도 원치 않는 바람이 불지 모르나
추하다 여기지 말게 하소서.
하나님의 사랑의 입김이라 생각하며 감사히 받게 하소서.
우리의 모든 날은 하나님의 가능성으로 가득함을 믿습니다.
마른 뼈를 살리시고 죽은 자를 일으키시는
아버지의 능력을 믿습니다.
나는 마른 뼈도 아니고 죽은 자도 아닙니다.
이보다 더 큰 가능성이 어디에 있겠습니까.

감사합니다, 아버지.
무엇이든 다시 시작하게 하소서.
뭐든지 할 수 있는 나이임에 감사드립니다.
나의 모든 가능성이 되시는
예수 그리스도의 이름으로 기도합니다. 아멘!

빈 둥지

비로소 온전히
'나'를 찾을 기회가 왔습니다

우리 가족이 이 자리에 오기까지 돌보아 주신 아버지 감사합니다.
주께서 지키지 않으셨다면 이 가족을 온전히
지켜 낼 수 없었음을 고백합니다.
모든 것이 주님의 은혜입니다.
이만한 건강 주셔서 모두 이 땅에서 잘 살아가게 하시니 감사합니다.
가족들의 건강을 지켜 주신 아버지 감사합니다.

자녀들이 독립할 때 허전한 마음을 갖지 말게 하소서.
내 인생의 역할을 마침은 숙제를 마친 것처럼
자유로워야 함을 믿습니다.
나의 역할은 가정을 지키고 자녀를 잘 양육하는 것이나
그것이 '나'는 아닙니다.
나의 한 가지, 두 가지 역할을 마감하고
'나'라는 존재를 다시 바라보게 하소서.
역할로만 '나' 자신을 규정하지 말게 하소서.

38

"하나님이 우리에게 주신 것은 두려워하는 마음이 아니요
오직 능력과 사랑과 절제하는 마음이니"
(딤후 1:7).

나의 임무가 끝났다고 나의 가치가 떨어진 것처럼
좌절하지 말게 하소서.
이제야 비로소 온전히 '나'를 찾을 수 있는 기회가 왔습니다.
나의 이름으로, 나의 존재로, 나를 부르신 부르심으로 서게 하소서.
빈 둥지를 바라보며 허전해하는 것이 아니라,
감사와 찬양이 넘치게 하소서.
온전히 나로 살 수 있는 기회 앞에 슬퍼하며
시간 낭비하지 말게 하소서.

다시 아버지께 묻게 하소서.
"하나님, 내가 무엇 하기 원하십니까?
내가 앞으로 어떻게 살기 원하십니까?"
이제 주님과 마음껏 동행하며
나의 몸과 마음과 시간을 드리겠습니다.
언제나 나를 기다리시는 예수 그리스도의 이름으로
기도합니다. 아멘!

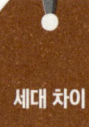

세대 차이

이 시대의 방식을
때로 배워 가며 살게 하소서

하나님 아버지,
세월이 흘러 가장 힘이 있던 나의 시대가 지나가고 있습니다.
나도 젊을 때는 나이 드신 어른을 보면 무슨 낙으로 사나 싶었습니다.
그런데 내가 그 나이가 되어 보니 그들의 시선이 때로 불편합니다.
무언가 잘못을 해서 늙어 가는 것이 아닌데 말입니다.
하나님이 주신 시절을 열심히 살았음에 감사하게 하소서.

사람들의 시선과 상관없이,
아니 사람의 시선을 의식하지 않게 하소서.
나의 삶은 그들에게 보여 주기 위한 것이 아니었음을 믿게 하소서.
나의 청년 시절을 후회하지 말고,
나의 중년 시절을 즐겁게 맞게 하소서.
내가 살던 시절에 살아가던 법칙이 지금과 다름을 인정하게 하소서.
그러나 그때는 틀렸던 것이 아니니 부끄러워하지 않게 하소서.

39

> "스스로 지혜롭게 여기지 말지어다
> 여호와를 경외하며 악을 떠날지어다
> 이것이 네 몸에 양약이 되어 네 골수를 윤택하게 하리라"
> (잠 3:7-8).

한 시대가 지나가며 또 한 시대가 오는 것이 당연한 이치입니다.
하나님이 만드신 시간의 섭리를 인정하고 받아들입니다.
내 삶의 방식을 부끄러워하지는 않지만,
지금 그것을 강요하지 말게 하소서.
나의 자녀들은 그들이 살아야 할 방식을 스스로 찾을 것입니다.
내가 그리 했던 것처럼 그들에게도 그들의 방식을 갖도록
허용하게 하소서.

과거의 시대는 우리가 제일 잘 알았지만,
지금의 시대는 아이들이 잘 압니다.
선악의 문제가 아니라, 삶의 방식의 문제라면
뜻을 양보하게 하소서.
이 시대의 방식을 때로 배워 가며 살아가게 하소서.
모든 세월을 주장하시는 예수 그리스도의 이름으로
기도합니다. 아멘!

경제적 두려움

경제적으로 어려운 현실 앞에
무너집니다

언제나 따스한 사랑으로 우리를 감싸 주시는 아버지 감사합니다.
아버지의 사랑은 언제나 부족함이 없었습니다.
아버지의 뜻은 언제나 옳으며 완전합니다.
그 하나님의 뜻에 순종하는 중년의 시간 되길 소망합니다.
나의 부족함을 가르쳐 주시고 아버지를 닮은 시간 되게 도와주소서.

아버지를 의지하며 살지만
경제적으로 어려운 현실 앞에 늘 무너집니다.
나 혼자라면 모르겠으나
아직은 지켜야 할 가족이 있음을 고백합니다.
아버지, 이 답답한 현실 앞에서
여전히 담대한 믿음으로 살게 하소서.
돈이 없다고 필요 이상 위축되어 좌절하지 말게 하소서.
돈이 없는데 요구한다고 필요 이상 분노하고
소리 지르지 말게 하소서.

40

> "날마다 우리 짐을 지시는 주
> 곧 우리의 구원이신 하나님을 찬송할지로다"
> (시 68:19).

돈이 없을수록 필요한 것은 사랑임을 알게 하소서.
어려움을 솔직하게 가족과 나눌 용기를 허락하소서.
그들에게 도움을 요청하고,
서로를 더욱 사랑하고 격려하게 하소서.
혼자만의 짐이라 끙끙거리지 않고
함께 기도하는 가족 되게 하소서.
다른 가족들은 나를 돈 버는 기계로 여긴다고
단정 짓지 말게 하소서.

스스로를 비난하지 말고, 위로받을 기회를 얻게 하소서.
중년의 위기를 만날 때 스스로를 고립시키지 말게 하소서.
누구도 나를 무시하거나 비난하지 않음을 믿고
손을 내밀게 하소서.
나를 안아 주시는 예수 그리스도의 이름으로 기도합니다. 아멘!

죽음을 기억하는 삶

'젊음은 젊은이에게 주기에 너무 아깝다.'라는 말을 늘 새깁니다.
아마도 이런 말이 있는 것은 젊음이라는 시간의 소중함에 비해
그들이 그 가치를 잘 알지 못하기 때문일 겁니다.
그러나 그 말은 어느 연령이나 다 되새겨야 할 말이라고 생각합니다.
왜냐하면 오늘이 내가 살아있는 동안
제일 젊은 날임을 우리는 너무 쉽게 잊으니까요.

_김민정 저, 「쉬며 읽으며 쓰며」 중에서

하나님을 향한 시선

아직 거두지 못한 열매를 맺기 위해
다시 나아갑니다

태중에서 나를 계획하시고
나를 이 땅에 살게 하신 아버지 감사합니다.
나는 하나님의 소중한 자녀이며, 아버지의 꿈입니다.
하나님이 뜻을 가지고 나를 이 땅에 보내심을 믿습니다.
나에게 주어진 삶을 사느라 나의 사명을 잃어버렸다면
회복하게 하소서.
직업을 가지고, 가정을 이루고, 자녀를 키우느라
잊었던 것을 기억하게 하소서.

하나님이 주셨던 나와의 첫 언약을 회복하기 원합니다.
처음 예수 그리스도를 믿을 때의 감격과 사명을 기억하게 하소서.
작지만 내가 이 땅에서 이루고자 했던 그 일을 다시 생각하게 하소서.
그래서 크고 위대하지 않아도 나여서 할 수 있는 일을 하기 원합니다.
무엇이 되기 위해 살았던 과거를 청산하고
어떻게 살지를 정하게 하소서.

41

> "내가 또 주의 목소리를 들으니 주께서 이르시되
> 내가 누구를 보내며 누가 우리를 위하여 갈꼬 하시니
> 그때에 내가 이르되 내가 여기 있나이다 나를 보내소서 하였더니"
> (사 6:8).

하나님 앞에 나의 직업과 위치와 업적을 내려놓기 원합니다.
하나님 앞에서 주님이 나에게
무엇을 기대하시는지 묻기를 원합니다.
나의 중년 이후의 인생을 계획할 때
반드시 나의 사명을 묻게 하소서.
아버지는 내가 어떤 삶을 살기 원하십니까?
아버지께서 기뻐하시는 길로 나를 인도하소서.

지난 삶의 모든 열매를 주님 앞에 소중하게 올려 드립니다.
아버지의 은혜로 이루었던 열매들입니다.
그리고 아직 거두지 못한 열매를 맺기 위해
다시 기대감을 가지고 나아갑니다.
나의 뿌리가 되어 주시는 예수 그리스도의 이름으로
기도합니다. 아멘!

새로운 시작

중년의 시간 꾸러미에
담긴 선물

하나님 아버지,
처음 학교 갈 때의 설렘과 긴장감을 기억합니다.
처음 수영할 때의 떨림과 신기함을 기억합니다.
처음 아이 낳을 때의 감동과 기쁨을 기억합니다.
얼마나 많은 처음을 주셔서 인생의 기쁨과 설렘을 주셨던지요.
나에게 처음을 주신 하나님의 일하심에 감격하고 감동합니다.

지나고 보니 하나님은 언제나 나의 삶을 지루하지 않게 하셨습니다.
"이것도 경험해 보아라, 저것도 경험해 보아라" 하며
선물 꾸러미를 주셨습니다.
너무 감사하고 감사합니다.
그 새로운 시작 때문에 얼마나 많은 것을 배우고 누렸던지요.
나의 인생 자체가 커다란 새로움의 선물 꾸러미였음을 고백합니다.

이제 또 한 번의 커다란 선물을 받아듭니다.
처음 맞이하는 중년의 시간 꾸러미에

42

> "우리 각 사람에게 그리스도의 선물의 분량대로
> 은혜를 주셨나니"
> (엡 4:7).

얼마나 많은 선물이 담겼을지 기대합니다.
이 긴장감과 떨림이 몸의 변화와 마음의 변화로
시작된다고 걱정하지 말게 하소서.
나이 듦이 나쁘다고 누가 정했습니까.
처음 자전거를 탈 때의 넘어짐을 기억하며
곧 잘 달릴 수 있음을 기대합니다.

여유 있는 시간을 통해 하나님이 만드신 세상을 즐기게 하소서.
성숙한 눈으로 나의 가족과 나를 다시 돌아보고 사랑하게 하소서.
무엇보다 바쁨을 핑계로 소홀히 했던
하나님과의 사랑의 만남을 깊이 갖게 하소서.
나의 중년을 선물로 허락하신 예수 그리스도의 이름으로
기도합니다. 아멘!

'라떼' 피하기

의지하고 싶은
인생의 선배가 되게 하소서

하루하루 소중한 날을 주시는 사랑의 아버지 감사합니다.
하나님이 주신 하루는 버릴 것이 없는 날들임을 믿습니다.
그래서 지난 평생 동안 주셨던 모든 날에 감사를 드립니다.
때로는 고난의 날도 있었고, 기쁨의 날도 있었지만
모두 감사를 드립니다.
그 하루를 버티게 하셔서 오늘까지 올 수 있었습니다.

그때의 하루가 소중했던 것처럼
오늘의 하루도 소중함을 고백합니다.
누구와 비교하지 말게 하소서.
비교해서 나의 하루가 그들의 하루만 못하다 여기지 말게 하소서.
나이 든 나의 하루가 젊은 자의 하루와 경중이 없음을 믿습니다.
아니, 더 소중하고 아름다운 날인 것을 믿습니다.

나이가 들어서 꼰대가 되는 것이 아니라,
사랑이 없어서 꼰대가 됨을 알게 하소서.

43

"내가 사람의 방언과 천사의 말을 할지라도
사랑이 없으면 소리 나는 구리와 울리는 꽹과리가 되고"
(고전 13:1).

사랑 없는 지적과 충고가

사랑이 담긴 위로와 조언으로 바뀌게 하소서.

때로 다른 사람들의 폄하하는 시선에 굴복하지 말게 하소서.

나의 인생을 내가 가장 소중히 여기고 사랑하기 원합니다.

일평생 꼰대가 아니라, 의지하고 싶은 인생의 선배가 되게 하소서.

일평생 사랑으로 나를 대하신

하나님의 사랑을 힘입어 살게 하소서.

주님이 나를 대하셨던 것처럼

나도 다른 사람을 그리 대하겠습니다.

가르치기 전에 품게 하소서.

나를 언제나 용납하신 예수 그리스도의 이름으로

기도합니다. 아멘!

부모의 죽음

부모님의 미숙함을
이제는 용서하게 하소서

하나님 아버지,
나에게 육신의 생명을 주신 부모님이 계심으로 인해 감사를 드립니다.
내가 나의 입술로 주를 찬양하며 아버지를 부를 수 있음도
이 땅에 존재하기 때문입니다.
나의 부모가 좋았든지 나빴든지 상관없이 감사를 드립니다.
때로는 중년이 되기까지 부모에 관한 상처로 인해 아픔을 겪곤 합니다.
이제는 괜찮을 나이도 된 것 같은데
헤어나지 못하는 마음이 있다면 위로하여 주소서.

곰곰이 생각해 보면 나에게 상처를 주었던 때
부모의 나이는 지금의 나보다 어릴 때입니다.
그들에게도 설명할 수 없는 아픔과 고민이 있어서 그랬을 텐데
너무 어려 이해하지 못했습니다.
내가 부모가 되고도 지워지지 않는 섭섭함이 있음을 용서하소서.
이제 중년을 지날 때는 부모에 대한
모든 섭섭함을 내려놓고 가볍게 가게 하소서.

44

"네 부모를 즐겁게 하며
너를 낳은 어미를 기쁘게 하라"
(잠 23:25).

나보다 젊은 시절 부모님의 미숙함을 이제는 용서하게 하소서.
여전히 반복되는 상처가 있다 하더라도
어른 된 성숙함으로 덮어 드리게 하소서.
그 시절은 전쟁을 겪고, 가난과 싸우고, 가정에 폭력이 있고,
상상하지 못할 어려움이 있었을 것임을 이해할 수 있게 도와주소서.
지금 나의 마음을 나의 자녀들은 상상도 못 할 텐데,
나도 그러했음을 인정하게 하소서.
그리고, 그런 부모님을 용서하고 사랑한다 말하게 하소서.

나의 중년을 가장 아름답게 할 수 있는 중요한 키가
여기 있음을 알게 하소서.
그 상처의 무게만큼 가벼워지고, 기회 있을 때
나눌 수 있는 작은 사랑이 힘이 될 것입니다.
그들의 미숙함을 용서합니다. 그들의 처절함을 불쌍히 여깁니다.
그리고 사랑합니다.
모든 용서가 되시는 예수 그리스도의 이름으로 기도합니다. 아멘!

진정한 노후 준비

참된 행복은
돈보다 관계입니다

나를 도우시는 하나님 아버지,
내 삶의 모든 주권이 아버지께 있음을 고백합니다.
하나님은 내게 생명을 주신 분이며
나의 삶의 마지막을 책임질 분이십니다.
내가 더욱 주님 앞에 나아가 주어진 모든 시간을
더 소중히 여기기 원합니다.
하나님이 선물로 주신 가족을 인해 감사를 드립니다.
무엇보다 자녀를 키우게 하시고 함께하는 축복 주심에 감사를 드립니다.

중년을 지나며 나와 자녀의 관계를 더욱 소중히 여기게 하소서.
그들의 목표를 채찍질하기 위해
관계에 상처를 입히는 일을 멈추게 하소서.
그들의 삶을 주님이 인도하실 것임을 믿고
부드러운 마음으로 인도하게 하소서.
노후를 생각할 때 자녀와의 깨진 관계가
얼마나 치명적인지 기억하게 하소서.

45

> "마른 떡 한 조각만 있고도 화목하는 것이
> 제육이 집에 가득하고도 다투는 것보다 나으니라"
> (잠 17:1).

자녀와 기쁘게 지내는 법에 나의 시간과 노력을 투자하게 하소서.
참된 행복은 돈보다 관계임을 늘 명심하게 하소서.
웃으며 자녀와 대화를 나눌 수 있는지,
그들과 함께 여행할 수 있는지 돌아보게 하소서.
진정한 노후 준비는 가족 간의 관계를 사랑스럽게 만드는 것입니다.
서로 염려해 주고, 관심 가져 주고, 사랑한다 말해 주는
관계 되게 하소서.
지난 세월에 나의 희생이 있다면 그 보상은 자녀들에게
사랑받는 것이어야 합니다.

아버지, 나의 희생이 자녀들에게 불쾌한 생색이 되지 않게 하소서.
자녀들이 지난 나의 삶에 즐겁게 감사할 수 있도록
마음을 나누게 하소서.
돈보다 때로 부모의 마음을 원하는 그들의 갈급함을
다독여 주게 하소서.
내게 화목함을 주시는 예수 그리스도의 이름으로 기도합니다. 아멘!

시대를 배우기

급변하는 시대를
따라잡기가 너무 어렵습니다

어두운 곳에서 언제나 나의 가는 길의
등불이 되시는 아버지 감사합니다.
지혜가 없을 때 아버지의 명철로 나를 가르쳐 주시니 감사합니다.
길을 알지 못해 광야와 같은 길을 헤맬 때
길을 보여 주신 아버지 감사합니다.
예상하지 못할 만큼 급격히 변하고 있는 시대를
따라잡기가 너무 어렵습니다.
문명의 변화만이 아니라, 문화의 변화와 관계의 변화와
모든 것이 변했습니다.

무엇이 옳고 그른지 판단할 겨를도 없이 세상이 변해 가고 있습니다.
어느 순간 따라잡기를 포기하려고 할 때,
그래도 배우고자 하는 마음을 허락하소서.
아직 중년 이후에 남은 시간이 수십 년입니다.
그 많은 세월을 무능한 사람처럼 다른 사람을 의지해 살 수 없습니다.
그 무엇보다 이 시대를 배우는 일에 망설임이 없게 하소서.

46

"사람의 마음의 교만은 멸망의 선봉이요
겸손은 존귀의 길잡이니라"
(잠 18:12).

복음을 가진 자로 살 때 사람과 마음을 나눌 수 없다면
어떻게 주를 전하겠습니까.
그들의 삶의 방식을 이해하지 못하고 어떻게 소통할 수 있겠습니까.
내가 앞으로 살아갈 시간들을
혼자 해결하기 위해서라도 배우게 하소서.
내가 자녀보다 모든 것이 낫다는 교만함을 버리게 하소서.
내가 가르칠 것이 있고,
그들에게 배울 것이 있음을 인정하게 하소서.

나에게 자녀가 있어서 쉽게 도움을 구할 수 있음에 감사합니다.
그들과의 관계를 위해서도 훨씬 더 많은 시간
그들의 삶에 관심을 기울이겠습니다.
나의 방식을 강요하지 않고, 그들의 방식을 이해하기 위해
노력하기 원합니다.
모든 시대를 사랑하신 예수 그리스도의 이름으로
기도합니다. 아멘!

한계 극복

오늘이 나의 가장
젊은 날입니다

나의 능력이 되시며 소중한 날을 살게 하신 아버지 감사합니다.
하루하루 살아오다 보니,
어느덧 살아갈 날보다 지나온 날들이 많아집니다.
이제야 뭔가 알 것 같은데 한창 시절은 지나가 버렸습니다.
아직 여물지 못할 때 열정을 쏟아 버린 기분입니다.
그 지난날의 모든 미숙함을 주님의 은혜로 덮습니다.

시간이 더 지나면 오늘도 미숙하다 할 텐데,
오늘 주님의 은혜를 주옵소서.
내일보다 미숙한 오늘, 주님의 도우심이 필요합니다.
오늘이 나의 가장 젊은 날이니 가장 활력 있게 하소서.
나이 든다는 것이 꼭 느려지고, 힘없고, 무기력해지는 것은
아님을 믿게 하소서.
아직 괜찮은데, 지레 스스로를 무기력한 존재로
치부하지 말게 하소서.

47

"오직 여호와를 앙망하는 자는 새 힘을 얻으리니 독수리가 날개 치며 올라감 같을 것이요 달음박질하여도 곤비하지 아니하겠고 걸어가도 피곤하지 아니하리로다"
(사 40:31).

주님의 함께하심은 날마다 새롭고 놀랍습니다.
하나님의 능력은 언제나 모든 것을 이기는 힘입니다.
그 주님을 찬양하고, 신뢰하고, 사랑합니다.
오늘 그 힘과 능력으로 나의 연약함을 이기게 하소서.
실재하지 않는 장애물을 이겨 내고
밝고 힘찬 날들을 살게 하소서.

오늘도 살맛을 주시는 아버지께 감사합니다.
주님의 힘으로 오늘도 힘차게 살아갑니다.
나의 영혼을 새롭게 하시고,
내 배에서 생수의 강이 넘치게 하소서.
나의 능력이 되시는 예수 그리스도의 이름으로
기도합니다. 아멘!

**갱년기
- 감정의 노예**

마음이 요동칠 때
"잠잠하라" 명령하시는 주님

은혜의 하나님 아버지,
하루를 온전히 살아 내는 것이 모두 아버지의 은혜임에 감사합니다.
나이가 들수록 더 성숙해지고 마음의 그릇이 넓어져야 하는데
왜 시간이 갈수록 마음의 섭섭함이 커지고 싫어지는 일이 많은지요.
작은 일에 화가 나고 감정을 다스리기 어려울 때 주님이 지켜 주소서.
주체할 수 없는 분노가 찾아올 때 주님의 강력한 평안을 허락하소서.

고통 앞에 인내하신 예수님의 삶처럼 인내하게 하소서.
온갖 조롱에도 사명을 위해
개의치 않으셨던 예수님의 마음을 닮게 하소서.
누구의 비난도 마음에 담지 않고
아버지를 바라보신 주님의 시선을 갖게 하소서.
모든 낮아짐에도 신의 품격을 잃지 않으신 예수님처럼
높은 자존감을 주소서.
누가 나를 무시한다 여기며
그들의 마음을 감시하는 일을 멈추게 하소서.

48

"예수께서 깨어 바람을 꾸짖으시며
바다더러 이르시되 잠잠하라 고요하라 하시니
바람이 그치고 아주 잔잔하여지더라"
(막 4:39).

나의 모든 존귀함은 하나님께로부터입니다.
나의 높았던 업적과 나의 평가가 나의 자존감이
아님을 고백합니다.
나의 업적과 평가가 하락할 때
스스로 자존감을 끌어내리지 말게 하소서.
배우자의 말에, 자녀의 말에
감정을 두 배로 얹어 화내지 말게 하소서.
호르몬의 변화로 인해 주체할 수 없을 때 주님이 붙들어 주소서.

감정의 노예가 되어
나의 존귀함을 올렸다 내렸다 하지 말게 하소서.
마음이 바다처럼 요동칠 때
주의 말씀으로 "잠잠하라" 명령해 주소서.
감정에 집중하지 말고, 하나님께 집중하게 하소서.
나의 모범이 되신 예수 그리스도의 이름으로
기도합니다. 아멘!

관계의 재설정

이제 아버지 손을 붙들도록
내어 맡깁니다

우주를 다스리시는 하나님 아버지,
천지 만물을 다스리시는 아버지께서 나의 아버지 되심에 감사드립니다.
나의 사는 모든 날 동안에 그 크신 아버지께서 나를 인도하셨습니다.
그렇게 중년의 시간까지 안전하게 오게 하신 아버지, 감사합니다.
외롭지 말라고 주신 가족으로 인하여 감사를 드립니다.
그들이 있어서 용감하게 여기까지 달려올 수 있었음에 감사합니다.

우주를 다스리시는 아버지의 섭리를 따라
인생을 운행하심을 신뢰합니다.
그 운행하심의 섭리가 나의 삶과 나의 가족의 삶에도 있습니다.
그 은혜가 나의 자녀들과 배우자에게도 임하게 하소서.
자녀들을 향하여 신뢰를 품고 그들의 삶을 선택할 권리를 주게 하소서.
그들이 삶을 하나님과 동행할 수 있도록 때로 나의 손을 놓게 하소서.

내가 너무 그들을 꽉 붙잡고 있어서
하나님의 손이 잡을 틈을 주지 않았습니다.

49

> "이는 나 여호와 너의 하나님이
> 네 오른손을 붙들고 네게 이르기를
> 두려워하지 말라 내가 너를 도우리라 할 것임이니라"
> (사 41:13).

나의 손이 느슨해야 하나님의 손을

더욱 붙잡을 수 있을 텐데 너무 불안했습니다.

이제 나의 손이 아니라, 아버지의 손을 붙들도록 내어 맡깁니다.

아버지의 신실하심을 믿습니다.

나를 그리 견고히 붙들어 주셨듯이

나의 자녀도 그리하실 것을 믿습니다.

중년의 시간에 다가오는 관계의 변화를

지혜롭게 잘 다스리게 하소서.

집착보다 신뢰를, 불안보다 평안을,

두려움보다 믿음을 갖게 하소서.

밀착하는 것만이 관계를 개선하는 것이 아님을 알게 하소서.

내 자녀의 참 부모 되시는 예수 그리스도의 이름으로

기도합니다. 아멘!

하루의 소중함

눈을 돌려 바라보면
모든 것이 하나님의 선물입니다

시간의 주인이신 하나님 아버지,
오늘도 우리에게 하루라는 시간을 허락하신 아버지 감사합니다.
아침에 눈을 뜰 때마다 하나님이 주신 시간에 감사하게 하소서.
나에게 또다시 주어진 도화지 같은 이 시간을 즐거워하게 하소서.
'젊음을 젊은이에게 주긴 아깝다'는 말처럼
그런 중년이 되지 않게 하소서.
중년에는 중년의 시간을 충분히 소중히 여기는 날들 되기 원합니다.

하나님이 주신 한 시간이라 생각하면 그 얼마나 감사한지요.
하나님이 허락하신 하루라 생각하면 이날이 얼마나 아름다운지요.
지나간 시간을 아쉬워하지 말고, 오늘 나의 시간을 누리게 하소서.
꾹꾹 눌러 담듯 의미 있는 하루하루를 살게 하소서.
나에게 주어진 이 시간을 통해
하나님이 주신 만물을 만나고 누리게 하소서.

50

> "주의 손가락으로 만드신 주의 하늘과 주께서 베풀어 두신 달과
> 별들을 내가 보오니 사람이 무엇이기에 주께서 그를 생각하시며
> 인자가 무엇이기에 주께서 그를 돌보시나이까"
> (시 8:3-4).

눈을 돌려 바라보면 모든 것이 하나님의 선물로 가득합니다.
푸르른 하늘과 청명한 바람,
울리는 새 소리와 바람에 흔들리는 나뭇잎과 꽃들까지,
넘치는 바다와 높고 깊은 산과 계곡들까지 얼마나 귀한지요.
하나님이 베풀어 주신 모든 것의 아름다움을 바라보고
기뻐하게 하소서.
매일 시멘트 건물 안에서 고독을 외치지 말고
나아가 만물과 함께하게 하소서.

하나님의 선물을 하나하나 바라보며 기뻐하는 날들 되기 원합니다.
새소리 하나에서도 하나님의 음성을 듣게 하소서.
볼을 스치는 바람 속에서 주님의 손길을 느끼게 하소서.
나에게 모든 것을 선물하신 예수 그리스도의 이름으로
기도합니다. 아멘!

하나님의 약속

주님은 가장 높은 곳에서
나를 내려다보시며 나를 지키십니다

나의 주인 되시는 하나님 아버지,
"너희 염려를 다 주께 맡기라 이는 그가 너희를 돌보심이라"(벧전 5:7).
아버지, 이 말씀을 외우게 하소서.
마음에 새기고 매일 붙들게 하소서.
중년이 되면서 걱정만 많아짐을 고백합니다.
근심이 나를 덮으려 할 때마다 이 말씀을 기억하고 선포하게 하소서.

나를 돌보시는 아버지의 강력한 팔을 의지하게 하소서.
나의 뒤에 계셔서 나를 지키시는 아버지,
나의 앞에 계셔서 나를 인도하시는 아버지,
나의 곁에 계셔서 내가 쓰러질 때 붙드시는 아버지,
나의 밑에 계셔서 내가 나락으로 떨어질 때 받으시는 아버지,

가장 높은 곳에서 나를 내려다보시며
나를 지키시는 그 사랑을 믿고 신뢰합니다.
모든 곳에서 나를 붙드시는 그 사랑에 감동합니다.

51

> "너희 염려를 다 주께 맡기라
> 이는 그가 너희를 돌보심이라"
> (벧전 5:7).

나의 지금까지의 삶이 증거인데
그것을 잊어버리지 말게 하소서.
에벤에셀의 하나님을 기억하며
앞으로 역사하실 하나님을 기대하게 하소서.
이 하나님의 약속이 나의 온전한 소망입니다.

나는 앞으로 더욱 멋진 삶을 살 것입니다.
나의 앞날은 주님으로 인하여 더욱 빛날 것입니다.
하나님이 언제나 나를 붙들고 놓지 않으실 것이기 때문입니다.
나의 사랑 나의 예수 그리스도의 이름으로 기도합니다. 아멘!

빈 둥지

빈 둥지를 아버지로
가득 채우겠습니다

나를 부르시고 날마다 나와 동행하시는 아버지 감사합니다.
나의 어린 시절부터 백발이 되기까지
함께하겠다 하신 그 약속을 믿습니다.
어제도, 오늘도, 그리고 내일도 함께하실 것입니다.
활성화되었던 나의 생활들이
중년이 되면서 점점 시들해짐을 고백합니다.
건강만 시들해지는 것이 아니라 나의 활동도 시들해집니다.

나의 힘과 역할이 줄어들고, 내가 머무는 자리는 비어 나갑니다.
관계가 달라지고 나를 의지하던 사람들이 스스로의 길을 갑니다.
도우며 살던 나의 삶의 보람과 가치가
점점 사그라들 때 주님을 바라봅니다.
먼저 내가 누군가를 도우며 살 수 있었음에 감사합니다.
누군가를 세우며 살았으니 주님의 은혜입니다.

52

> "하나님이여 내가 늙어 백발이 될 때에도 나를 버리지 마시며
> 내가 주의 힘을 후대에 전하고 주의 능력을
> 장래의 모든 사람에게 전하기까지 나를 버리지 마소서"
> (시 71:18).

그것이 배우자든, 자녀든, 부하 직원이든,
직장이든, 감사드립니다.
이제는 그들보다 하나님의 부르심에 더 집중하게 하소서.
바쁘다는 이유로 뒤로 미루었던 아버지의 부르심을
다시 앞으로 모시게 하소서.
책임이라는 이유로 가장 먼저 행했던 모든 것을 내려놓습니다.
다시 가장 순수한 마음으로 아버지를 우선순위에 놓겠습니다.

나의 빈 둥지로 서운해하지 않고
그 빈 둥지를 아버지로 가득 채우겠습니다.
처음 주님을 만났을 때처럼
아버지를 향한 사랑으로 가득 차게 하소서.
나의 첫사랑을 회복하며
주님께 집중하는 중년의 시간 되게 하소서.
나의 첫사랑이 되신 예수 그리스도의 이름으로 기도합니다. 아멘!

은퇴

매듭을 지어야 할 때
아름답게 마무리하게 하소서

피할 곳이 되시는 하나님 아버지,
예기치 못한 은퇴의 통보를 받을 때 놀라지 말게 하소서.
알 수 없는 서러움과 거부당함이 마음을 공격하지 못하게 하소서.
언제나 나의 피할 곳이 되시는 하나님을 의지하여
평안한 마음을 허락하소서.
하나님의 거대한 계획 안에 우리의 인생이 있음을 믿습니다.
나의 머리카락까지 세신 하나님의 사랑이 나를 지킬 것을 믿습니다.

하나님의 때가 나의 삶 가운데 왔음을 받아들이고 안온하게 하소서.
인생에 변화의 시점이 앞으로도 더 많이 올 수 있음을
마음으로 준비하게 하소서.
시간의 흐름을 인정하고 그때마다 주시는 아름다움을 믿게 하소서.
그리고 오늘의 내게 주어진 삶 앞에 담대하게 하소서.
이것을 계기로 하나님이 새로운 길로 인도하실 것입니다.

53

"여호와는 나의 반석이시요…
나의 하나님이시요 내가 그 안에 피할 나의 바위시요
나의 방패시요 나의 구원의 뿔이시요 나의 산성이시로다"
(시 18:2).

나의 상황이 나의 마음을 주도하지 못하게 하소서.
하나님을 신뢰함으로 다시 나의 삶을 계획하는
소망을 갖기 원합니다.
인생의 매듭, 매듭마다 하나님이 계셨음을 고백합니다.
또 다른 매듭을 지어야 할 때 아름답게 마무리하게 하소서.
회사의 사장이 나를 먹여 살리는 것이 아니라,
하나님이 먹여 살리심을 고백합니다.

아직은 건강 있음에 감사합니다.
다른 것을 잃어버리지 않고 잃은 것이 직장이어서 감사합니다.
다시 나에게 맞는 일할 터전을 발견하게 하소서.
새로운 길 앞에 주님을 더욱 의지합니다.
예수 그리스도의 이름으로 기도합니다. 아멘!

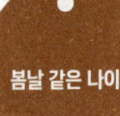

봄날 같은 나이

중년의 싱그러운 나이를
즐기게 하소서

생명을 주시는 하나님 아버지,
30의 나이에 10세 아이를 보며 참으로 예쁘다 여겼습니다.
50의 나이에 30세 청년을 보면 참 싱그럽다 여겨집니다.
70의 나이에 50세 중년을 보면 멋진 나이라 생각합니다.
지나가면 그렇게 좋아 보이는 것을 정작 그 나이에는 모릅니다.
지금 중년의 나이가 얼마나 멋지고 싱그러운 나이인지 알게 하소서.

언제나 그때에 그 나이의 아름다움을 놓쳤던 것을 기억하게 하소서.
이제는 이 중년의 나이가 얼마나 원숙하면서도
젊은 나이인지를 알게 하소서.
내 나이 70이 되기 전에 이 나이를 즐기게 하소서.
내가 80이 되기 전에 이 나이를 감사하고 누리게 하소서.
모든 나이에 멈추어 서서 주님을 찬양하고 열심히 살게 하소서.

54

> "내가 너를 내 손바닥에 새겼고
> 너의 성벽이 항상 내 앞에 있나니"
> (사 49:16).

과거와 비교해서 늙었다 여기지 않고,
미래와 비교해 젊다 여기게 하소서.
죽음에 비한다면 지금은 봄날입니다.
하나님이 언제 부르시든 상관없이 오늘을 봄날처럼 살게 하소서.
겨울이 되어도 늘 마음의 봄날을 가지고 사는 사람이 있는 것처럼
모든 순간을 희망으로 가득 찬 마음으로 살게 하소서.

시간이 많이 지나갔으니 더욱 나를 사랑하게 하소서.
살아갈 날이 줄었으니 더욱 하루하루를 의미 있게 살게 하소서.
하나님과 함께하는 날들로 오늘을 행복하게 살게 하소서.
나에게 생명 주신 예수 그리스도의 이름으로 기도합니다. 아멘!

나를 존중하기

나를 향한 하나님의 뜻은
언제나 나를 위함입니다

나를 만드신 하나님 아버지,
언제나 나에게 복 주시고 나를 지키기 원하시는 아버지 감사합니다.
하나님의 나를 향한 뜻은 언제나 나를 위한 것임에 감사드립니다.
"여호와는 네게 복을 주시고 너를 지키시기를 원하며
여호와는 그의 얼굴을 네게 비추사 은혜 베푸시기를 원한다"라고
말씀하셨습니다(민 6:24-25).
얼마나 나를 위하고 계신지요. 얼마나 내게 복 주기 원하시는지요.

하나님은 이리도 나에게 좋은 것 주려 하시는데
나는 나에게 그리하지 못했습니다.
다른 사람은 소중히 여기면서 나를 소중히 여기는 법은 잘 몰랐습니다.
내가 무엇을 좋아하는지, 내가 무엇을 싫어하는지
잘 모르며 살았습니다.
내가 어떨 때 힘들어하고, 어떨 때 기뻐하는지 나도 잘 모르겠습니다.
이기적으로 사는 것 말고는 나를 위하는 방법이
뭔지도 모르고 살았습니다.

55

"여호와는 네게 복을 주시고 너를 지키시기를 원하며
여호와는 그의 얼굴을 네게 비추사 은혜 베푸시기를 원하며"
(민 6:24-25).

이제 진정 하나님이 기뻐하시는 방식대로
나를 존중하고 사랑하게 하소서.
나에 대해 관심을 가지고 나를 알아 가게 하소서.
내가 무엇을 좋아하고 기뻐하는지,
내가 어떨 때 행복해하는지 발견하게 하소서.
남이 나를 돌보지 않아도 내가 나를 돌보아 보호할 줄 알게 하소서.
이리 떼에게 나를 내어 주고 하나님을 원망하며 살지 않게 하소서.

이기심 말고 자존감을 가지고
나를 사랑하는 법을 배워 가기 원합니다.
상처받은 나를 스스로 감싸 주고,
고단한 나에게 쉴 곳을 만들어 주게 하소서.
나를 향한 하나님의 진심이 어떤 것인지 잊어버리지 말게 하소서.
죽기까지 나를 사랑하신 예수 그리스도의 이름으로
기도합니다. 아멘!

눈높이 조정하기

누릴 수 있는 것과 없는 것을
받아들이기

들의 풀들도 입히시고 먹이시는 하나님 아버지 감사합니다.
이 세상의 미물들까지도 보호하시는 아버지께서
자녀 된 나를 지키심을 믿습니다.
때로는 나의 믿음이 너무 하찮아서
아버지를 의심할 때가 있음을 용서하소서.
하나님이 나의 머리카락까지 세신 바 된 것을 잊지 말게 하소서.
하나님이 자신의 가장 사랑하는 아들을 죽이기까지
나를 살리신 사랑을 기억합니다.

이제 나이가 들어 아무리 몸부림쳐도
나의 경제적 소득을 유지할 수 없음을 고백합니다.
나의 능력 없음이 한탄스럽고 근심이 나를 덮칠 때가 많음을 고백합니다.
아버지, 먼저는 모든 것을 하나도 손실 없이 누리기 원하는
욕심을 내려놓게 하소서.
우리 가정의 경제적인 눈높이를 조정하게 하소서.
함께 현실을 나누고 도움을 청하여 누릴 수 있는 것과

56

"오늘 있다가 내일 아궁이에 던져지는 들풀도
하나님이 이렇게 입히시거든
하물며 너희일까 보냐 믿음이 작은 자들아"
(마 6:30).

없는 것을 받아들이게 하소서.
자연적인 섭리에 따라 능력이 줄어든 것을
어떻게 억지로 채울 수 있겠습니까.
인정하지 않으면 그 중압감에 눌려 좌절하고 말 것을
부인하며 지탱하지 말게 하소서.
이것도 내 삶에 허락하신 빈부의 흐름임을 인정하게 하소서.

경제적 낮아짐이 내 존재의 낮아짐이 아님을 명확히 알게 하소서.
주님의 손에 일용할 양식을 구하며, 나를 입히시고
누울 곳 주시는 주님을 의뢰하게 하소서.
좋은 것만 받아들이지 않고, 달갑지 않은 현실도 받아들이는
순응의 삶을 허락하소서.
가난한 가운데에도 감사할 것이 넘치는 가정이 되게 하소서.
돈 때문에 불편할 수는 있지만 불행해지지는 않게 하소서.
나의 지탱할 의지처가 되시는 예수 그리스도의 이름으로
기도합니다. 아멘!

새로운 삶에 대한 갈망

내게 주어진 나의 날들을 기대합니다

날마다 새로우신 하나님 아버지,
하나님의 일하심은 언제나 새롭고 아름다움을 찬양합니다.
나보다 나를 더 잘 아시며,
나를 만드실 때 실수가 없으셨음을 믿습니다.
그 하나님의 일하심이 나에게 부족함이 없음을 고백합니다.
살면서 이 믿음이 옅어질 때마다 나를 강건하게 하소서.
나를 향한 나의 시선을 새롭게 갖게 하소서.

다른 사람들은 다 나를 칭찬해도
나 스스로가 나를 폄하했던 것을 용서하소서.
하나님이 만드신 작품인 나를 향한 나의 시선이 곱지 못했습니다.
언제나 다른 인생과 비교하며 나를 낮춰 보았음을 용서하소서.
교만함이 아니라, 나의 존재를 스스로 귀히 여기게 하소서.
다른 사람의 기준이 아니라,
하나님과 나의 관계로 나를 보게 하소서.

57

> "나의 영혼아 잠잠히 하나님만 바라라
> 무릇 나의 소망이 그로부터 나오는도다"
> (시 62:5).

나를 통해 일하실 하나님이
충분히 새 일을 행하실 수 있음을 믿습니다.
하나님은 무에서 유를 창조하신 분입니다.
말씀으로 천지 만물을 만드신 위대한 분이십니다.
그 하나님이 나의 삶에 역사하실 때
넘치는 새로움을 주실 수 있음을 믿습니다.
오늘 나에게 그 새로움의 역사를 허락하소서.

나의 시간이 흘러 중년이 되었다고
새로움을 버리지 말게 하소서.
하나님을 의지하여 새로움을 꿈꾸게 하시고,
소망을 품게 하소서.
나의 날들을 기대하게 하시고,
새로운 삶을 갈망하며 기도하게 하소서.
나의 소망이 되시는 예수 그리스도의 이름으로 기도합니다. 아멘!

갱년기

갱년기를 건강한 마인드로
받아들이게 하소서

나로 오늘도 걸어 다닐 건강을 주신 아버지 감사합니다.
무너지는 어깨를 가지고도 여전히 일할 수 있음에 감사합니다.
몸은 무겁고 기억력은 떨어지지만
그래도 아직 견딜 만함에 감사합니다.
육체의 퇴화를 느낄 때 의연하게 하소서.
마음은 퇴화하지 않는데,
스스로 육체를 따라 퇴화시키고 있음을 회개합니다.

입에 날마다 갱년기라는 말을 달고 살고 있음을 용서하소서.
갱년기라는 말 뒤에 숨어 나의 무기력함을 정당화하려 했습니다.
아직 갱년기가 오지도 않았음에도
미리 당겨 갱년기라 변명했습니다.
어쩌면 귀찮음과 태만함을 갱년기라는 보따리에
함께 넣어 버렸음을 용서하소서.
다시 한번 정직하게 나의 몸과 마음을 돌아보게 하소서.

58

> "내 육체와 마음은 쇠약하나
> 하나님은 내 마음의 반석이시요 영원한 분깃이시라"
> (시 73:26).

오지도 않은 갱년기를 입에 달고 살며
늙음을 앞당겨 핑계 삼음을 용서하소서.
갱년기라 하더라도 아직 이겨 낼 수 있는데
스스로 포기함을 용서하소서.
정말 나에게 갱년기가 왔을 때 건강한 마인드로
받아들이게 하소서.
실제로 어려워질 때 친구처럼 인정하고 동행하게 하소서.
갱년기가 나의 나태함의 도피처가 되지 않게 하소서.

오늘 나의 입술이 여전히 감사할 것이 많음을 고백하게 하소서.
도망가는 일에 익숙해지지 않고,
이겨 가는 일에 익숙해지게 하소서.
마음이 몸의 아픔을 당기는 일을 멈추게 하소서.
나의 힘이 되시는 예수 그리스도의 이름으로
기도합니다. 아멘!

두 번째
인생 살기

나의 가정에
두 번째 기회를 허락하소서

나의 아버지 되신 하나님, 소중한 가족을 허락하셔서
함께 기쁨과 사랑을 나누게 하시니 감사합니다.
가족을 통해 많은 힘과 행복을 누렸으나,
때론 상처와 아픔이기도 했습니다.
어떨 때는 짐처럼 버거웠고,
어떨 때는 남보다 못하게 비난받기도 했습니다.
선물로 주신 가족이지만 때로는 도망치고 싶었던 때도 있었습니다.
주님의 선물을 더 잘 꾸리지 못했던 것을 용서하여 주소서.

결국 가장 힘들고 어려울 때 생각나는 것이 가족인데,
더 회복할 기회를 허락하소서.
누구도 대체할 수 없는 가정에 두 번째 기회를 허락하소서.
남은 가족이 있다면 조금 더 사랑하게 하시고
먼저 다가가는 용기를 허락하소서.
다시 합칠 수 없는 가족이라면
축복하게 하시고 위하여 기도하게 하소서.

59

"무엇보다도 뜨겁게 서로 사랑할지니
사랑은 허다한 죄를 덮느니라"
(벧전 4:8).

이제까지 해보지 않았던 방법으로

다시 사랑을 실천하게 하소서.

나에게 주어진 것들이 얼마나 소중한지 세어 보기 원합니다.

나쁜 것은 언제나 앞서서 기억하면서

좋았던 것은 잊고 있음을 깨닫게 하소서.

좋은 인생을 살기 위해 반드시 거쳐 가야 하는

관계의 회복을 허락하여 주소서.

지혜를 주소서. 용기를 주소서. 사랑을 허락하여 주소서.

마른 뼈도 살리시는 아버지의 능력으로

식어 버린 사랑을 다시 살려 주소서.

중년이 되기까지 함께한 사람들을 소중히 여기게 하소서.

앞으로의 시간을 더욱 아름답게 하기 위해

반드시 필요한 사람들을 사랑하게 하소서.

사랑은 모든 것을 덮고도 남음입니다.

사랑으로 나의 모든 허물을 덮으신

예수 그리스도의 이름으로 기도합니다. 아멘!

질병을 만날 때

질병과 함께
씩씩하게 살게 하소서

하나님 아버지, 나에게 소중한 육체를 주셔서
지금까지 지내 오게 하신 것 감사합니다.
세월이 지나다 보니 육체가 많이 연약해졌습니다.
어느새 고질적인 지병을 하나씩은 가지게 되었습니다.
일평생 약을 먹으며 어쩌면 일평생 제한된 생활을
해야 할지도 모르겠습니다.
한번 병드니 벗어날 수 없는 지병과 함께 살게 되었습니다.

아버지께서 주신 육체를 잘 관리하지 못함을 회개합니다.
건강할 때는 잘 알지 못했습니다.
질병은 다른 사람의 일이라 여기며 방만했음을 용서하소서.
그러나 이 병으로 인해 낙망하지 말게 하소서.
하나님의 치유의 손을 기다리나
그리 아니하실지라도 감사하겠습니다.

60

> "너희 몸은 너희가 하나님께로부터 받은 바
> 너희 가운데 계신 성령의 전인 줄을 알지 못하느냐
> 너희는 너희 자신의 것이 아니라"
> (고전 6:19).

그리고 젊은 날보다 더욱 주신 육체를 잘 관리하겠습니다.
질병에 넘어지지 않고 때로는 함께 동반자가 되어
살아가겠습니다.
질병이 나를 다스리지 못하게 내가 질병을 다스리며 살겠습니다.
왜 나에게 이런 병을 주셨냐며 원망하지 말게 하소서.
모든 원인이 나에게 있음을 인정하고
다시 건강을 위해 시작하게 하소서.

질병 앞에 패배자처럼 두려워하며 살지 말게 하소서.
함께 간다 인정하고 씩씩하게 오늘을 살게 하소서.
나의 연약한 육체가 나의 중년의 삶을 방해하지 않게 하소서.
나의 힘이 되시는 예수 그리스도의 이름으로
기도합니다. 아멘!

삶과 꿈을 위한 다이어리

일을 많이 해야 인생을 잘 살아낸 것처럼 생각하고, 일을 잘해야
쓸모 있는 존재처럼 여겼습니다. 그래서 나의 건강을 다 태워 일을 했습니다.
나의 젊음을 깎아내며 일을 했습니다. 내 마음에 상처를 주면서 일을 했습니다.
일이 곧 나는 아닌데 말입니다. 일을 못해도 나는 소중하고, 일을 적게 해도
나는 소중합니다. 일을 잘하면 유능합니다. 돈을 버는 데 도움이 됩니다.
사람들에게 인정받습니다. 그건 그것대로 좋지만, '일이 곧 나'는 아닙니다.
노동을 위한 다이어리 말고 삶을 위한 다이어리,
꿈을 위한 다이어리를 써봐야겠습니다.

_김민정 저, 「쉬며 읽으며 쓰며」 중에서

경제적 두려움

크신 하나님께
나의 남은 삶을 던집니다

나의 살아가는 동안에
언제나 나의 손을 잡아 주신 아버지 감사합니다.
수많은 위기가 있었지만 늘 아버지께서 함께하셨습니다.
나의 힘으로 벗어날 수 없었던 때 주께서 나를 붙들어 주셨습니다.
지난날의 기억과 믿음이 오늘과 미래의 나를 지키게 하소서.
하나님의 역사하심을 까먹지 않게 하소서.

그래서 내가 두려움에 빠질 때
내가 살아온 지난 역사가 증거임을 깨닫게 하소서.
무엇을 먹을까, 무엇을 입을까 걱정하지 말고 기도하게 하소서.
나의 경제력이 떨어질수록 기도하게 하소서.
하나님께 시선을 고정하고 아버지의 뜻과 음성을 듣게 하소서.
"수고하고 무거운 짐 진 자들아 다 내게로 오라"(마 11:28)는
말씀을 듣게 하소서.

61

"너희에게는 머리털까지 다 세신 바 되었나니
두려워하지 말라 너희는 많은 참새보다 귀하니라"
(마 10:30-31).

나의 머리카락까지 세신 바 되신 아버지의 사랑을 믿습니다.
나의 노년의 날까지 지키실 주님을 신뢰합니다.
하나님의 신실하심은 한 날도 어김이 없었음을 고백합니다.
말로만의 고백이 아니라 진실로 그리 믿습니다.
그렇다면 주님을 의지함으로 평안을 누리게 하소서.

죽을 때까지 돈 걱정만 하다가 죽고 싶지 않아서
주님께 나의 삶을 던집니다.
크신 하나님이, 우주를 만드신 능력의
아버지께서 남은 삶을 주도해 주소서.
이제부터 말이 아니라 진짜 믿음으로 나아갑니다.
나에게 안식 주시는 예수 그리스도의 이름으로
기도합니다. 아멘!

하루의 소중함

가장 평범한 오늘을
가장 편안한 행복으로

나에게 행복 주기 원하시는 하나님 아버지,
하나님은 우리를 아름답게 만드시고 기뻐하셨습니다.
나도 하나님의 최고의 작품임을 믿습니다.
하나님이 선택하시고, 만드시고, 인도하셨으니
얼마나 소중한 존재인지요.
하나님이 나를 소중히 여기셨듯 나도 나를 소중히 여기겠습니다.
그 사랑하는 존재가 행복하기 원하시는 줄을 믿습니다.

오늘 나에게 주신 행복을 발견하게 하소서.
많은 돈을 써야 행복한 것이 아님을 우리는 이미 알고 있습니다.
그런데도 돈이 있어야 행복하다고 믿으면서 살고 있습니다.
최고급 호텔에 여행을 가야만 행복한 것이 아님을 알게 하소서.
흔한 들길을 아이들과 산책하며 재잘거릴 때
더 행복함을 알게 하소서.

62

"채소를 먹으며 서로 사랑하는 것이
살진 소를 먹으며 서로 미워하는 것보다 나으니라"
(잠 15:17).

파티에 가서 랍스터와 철갑상어 알을 먹지 못해도
소박한 삼겹살에 가족들이 웃고 이야기하는 것이
행복임을 알게 하소서.
1등석을 타고 먼 해외여행을 하지 못해도
혼자 가까운 강가를 걸으면서도 행복할 수 있음을 알게 하소서.
내가 있는 모든 곳에서 충분히 행복한 시간을 보내게 하소서.

행복은 회복된 관계와 마음에서 시작됨을 기억합니다.
사랑하는 이들과 이 하루를 좋은 시간으로 만들기 원합니다.
아버지의 은혜로 가장 평범한 오늘을
가장 편안한 행복으로 채워 주소서.
나의 평안이 되시는 예수 그리스도의 이름으로
기도합니다. 아멘!

하나님과 더 깊어지기

아버지를 향한 갈망을
포기하지 않겠습니다

언제나 나와 동행하시는 하나님 아버지,
주님은 나에게 업적을 구하지 않으시고
마음을 구하시는 것을 믿습니다.
아버지를 향하여 가져갈 것을 마련하느라
주님 앞에 나아가지 못하는 어리석음을 버리게 하소서.
섬김과 봉사와 헌신이라는 이름만을 가지고 일만 하고
아버지는 외면하였음을 회개합니다.
교회 봉사를 하면 아버지를 만나는 것이라 착각하였음을 용서하소서.

이제 홀로 아버지와 동행하는 시간을 가지기 원합니다.
나 혼자 있는 시간이 외로운 것이 아니라,
아버지와 함께하는 기쁨의 시간 되게 하소서.
나의 마음을 올려 드리고,
아버지의 마음을 듣는 아름다운 시간을 누리게 하소서.
기도가 간구만이 아니라 나의 마음을 드리는 시간 되게 하소서.

63

> "하나님이여 주는 나의 하나님이시라 내가 간절히 주를 찾되
> 물이 없어 마르고 황폐한 땅에서 내 영혼이 주를 갈망하며
> 내 육체가 주를 앙모하나이다"
> (시 63:1).

나의 생각을 아버지께 강요하는 것이 아니라,

아버지께 질문을 드리고 기다리게 하소서.

하나님이 나의 마음 가운데 심어 놓으신

하나님의 형상이 있음을 믿습니다.

나와 교통하기 원하시고,

나와 마음을 나누기 원하시는 그 사랑을 믿습니다.

아버지와 나누는 깊은 시간에 나의 삶을 투자하게 하소서.

중년이 더욱 깊어지는 이유가 하나님과 더 깊은 만남

때문이 되게 하소서.

아버지를 향한 갈망을 포기하지 않겠습니다.

나의 이름을 불러 생명 주신 아버지,

나의 모든 것을 아시는 주님을 사랑합니다.

나의 남은 인생은 주님과 함께하겠습니다.

나의 남은 시간은 아낌없이 주님께 드리기 원합니다.

나의 사랑 되시는 예수 그리스도의 이름으로 기도합니다. 아멘!

**갱년기
- 감정의 노예**

인정받고 싶고
위로받고 싶어 하는 연약함

나의 고단한 모든 순간에 피난처가 되시는 아버지 감사합니다.
다른 사람의 눈에 티도 나지 않는
이 피곤함과 통증들을 불쌍히 여겨 주소서.
병에 걸린 것도 아니고, 다친 것도 아닌데 몸이 너무 아파 옵니다.
누구에게 말해 보아도 시큰둥해 알아주는 사람도 없습니다.
나의 몸과 마음을 아시는 분은 오직 하나님뿐이십니다.

힘들고 어려울 때 사람을 찾기 전에 주님을 먼저 찾게 하소서.
보이지 않는 통증과 고단함을 사람들이 아닌 주님께 호소하게 하소서.
여전히 인정받고 싶고 위로받고 싶어 하는 연약함을 불쌍히 여기소서.
나의 갱년기가 얼마나 힘든지를 설명하느라
감정을 소진하지 않게 하소서.
공감해 주지 않는 배우자와 자녀들로 인해
섭섭함에 시달리지 말게 하소서.

64

> "내가 네게 명령한 것이 아니냐
> 강하고 담대하라 두려워하지 말며 놀라지 말라
> 네가 어디로 가든지 네 하나님 여호와가 너와 함께 하느니라 하시니라"
> (수 1:9).

나를 가장 잘 아시는 아버지께 나아가 도움을 청합니다.
내 육신의 고단함과 아픔을 돌보아 주소서.
변화하는 육체가 자리 잡느라 겪는 모든 이상 증상에
잘 적응하게 하소서.
이것 또한 살아가는 과정임을 인정합니다.
이 과정을 통해 나는 다른 사람들의 어려움을
알아주고 안아 주게 하소서.

나의 감정이 나락으로 떨어지지 않도록,
유혹하는 마귀와 싸우겠습니다.
여전히 나의 손을 붙잡고 계시는 주님의 사랑을 선포합니다.
사람에게 매달리느라 시간 낭비하지 말고 담대하게 하소서.
나를 언제나 이해하시는 예수 그리스도의 이름으로
기도합니다. 아멘!

새로운 시작

주님 손 붙잡고
새로운 소풍 길을 나섭니다

늘 함께하시는 하나님 아버지,
오늘도 나의 기쁨이 되시는 아버지 감사합니다.
어제까지의 모든 근심과 어두움을 내려놓고
기쁨의 주님께 나아갑니다.
내가 걱정함으로 키를 한 자라도 크게 할 수 없었음을
인정하고 고백합니다.
그럼에도 언제나 걱정의 보따리를 내려놓을 수 없었음을 용서하소서.
함께하시는 하나님을 온전히 믿지 못했습니다.

이제 나의 중년의 시간에는 하나님의 함께하심을
온전히 신뢰하게 하소서.
나의 시작에는 언제나 하나님의 붙드심이 있었음을 고백합니다.
내가 의식하지 못했을 뿐,
주님은 한 번도 제 곁을 떠나신 적이 없었습니다.
중년을 두려워하지 말게 하소서.
주님의 손을 붙잡고 새로운 소풍 길을 즐겁게 가게 하소서.

65

> "너희는 강하고 담대하라 두려워하지 말라 그들 앞에서 떨지 말라
> 이는 네 하나님 여호와 그가 너와 함께 가시며 결코 너를 떠나지
> 아니하시며 버리지 아니하실 것임이라 하고"
> (신 31:6).

준비성과 걱정은 다른 것임을 알게 하소서.
시간은 내가 준비할 수 없는 것인데,
준비되지 않았다고 두려워하지 말게 하소서.
하나님이 나에게 주신 새로운 경험들에 대해
감사히 받아들이게 하소서.
그리고 그 안에서 알게 되는 새로운 지혜들을
발견하며 살아가게 하소서.
주님의 인자하심이 언제나 나와 함께할 것입니다.

마치 나의 모든 기쁨은 젊기 때문에 있었던 것처럼
착각하지 말게 하소서.
내 인생의 기쁨은 그것과 전혀 상관없는 것이었습니다.
하나님이 모든 기쁨의 근원이셨음을 다시 믿고 확신합니다.
그 하나님께 새로운 마음으로 나아갑니다.
나의 전부이신 예수 그리스도의 이름으로 기도합니다. 아멘!

자녀리스크

자녀의 독립은 나의 독립, 나를 사랑할 기회입니다

내 인생의 모든 순간을 사랑하시고
인도하신 아버지 감사합니다.
나의 자녀들의 모든 순간도 하나님이 인도하심을 믿고 감사드립니다.
자녀들은 이제 커서 자신들의 길을 찾고 있습니다.
그들의 삶 가운데 부모에 대한 마음이 점점 작아짐을 바라봅니다.
전적으로 의지했던 그들의 사랑이 식어 버린 것은 아닌지 두렵습니다.

그들의 독립을 생각하면,
남겨진 나의 모습이 너무 초라하게 느껴집니다.
그들의 독립이 반갑기도 하지만, 또한 서글프기도 합니다.
이제 분리되는 것 같은 마음이 들 때 주님, 나의 중심을 잡아 주소서.
그들의 독립이 부모를 버리는 것이 아니라,
그들의 삶을 찾는 것임을 알게 하소서.
내가 생각하지 못한 순간에 훌쩍 그날이 다가올 것을 대비하게 하소서.
자녀의 독립을 바라보는 나의 시선을 건강하게 하소서.
그들의 독립은 곧 나의 독립임을 알게 하소서.

66

> "…너희를 향한 나의 생각을 내가 아나니 평안이요 재앙이 아니니라 너희에게 미래와 희망을 주는 것이니라"
> (렘 29:11).

아버지, 어머니로 사느라 수고하고 근심했던 세월을 매듭짓고
나를 바라보고, 나를 좀 더 사랑할 수 있는 기회를 얻는 것임을,
돈을 벌고 살림을 살며 돌보는 역할로서의 삶이 아니라
오로지 나의 시간을 얻음임을 알게 하소서.

세상의 사는 순리를 거스르지 않고
인정하고 받아들이게 하소서.
그리고 그것이 하나님의 시선에서
얼마나 축복이 될지를 기대하게 하소서.
자녀를 향한 계획에만 몰두하지 않고
나를 향한 하나님의 계획에도 몰두하게 하소서.
나의 삶을 주도하시는 예수 그리스도의 이름으로
기도합니다. 아멘!

부모의 죽음

천국의 소망이
우리 가문 모두에게 임하게 하소서

천국의 소망을 주신 하나님 아버지,
자격 없는 자를 구원하셔서 천국에 갈 수 있는 자격을 주신
아버지 감사합니다.
이 세상을 살면서 어떤 두려움이 와도 견딜 수 있는 것은
이 영생 때문입니다. 사랑하는 사람들의 죽음을 맞이할 때마다
이 천국의 소망 때문에 견딜 수 있었습니다.
내가 중년을 맞이하고 노년에 계신 부모님을 뵈며
이 천국을 함께 누리게 하소서.
살아갈 날이 나보다 훨씬 더 적은 부모님의 구원을 허락하소서.

부모님의 마음 가운데 하나님을 사랑하는 마음을 허락하소서.
예수 그리스도를 영접하고 천국의 소망을 누리게 하소서.
그래서 그분들의 죽음을 맞을 때 슬퍼만 하지 않고
기뻐할 수도 있게 하여 주소서.
내가 천국에 가서 사랑하는 부모님을 다시 만나기 원합니다.
그때는 모든 아픔을 지우고 참된 사랑으로 재회할 것입니다.

67

"하나님이 세상을 이처럼 사랑하사 독생자를 주셨으니
이는 그를 믿는 자마다 멸망하지 않고
영생을 얻게 하려 하심이라"
(요 3:16).

구원을 얻지 못한 부모님이 계시다면

그분들에게 무엇보다 복음을 전하게 하소서.

천만금을 드리는 것보다

소중한 영원한 생명의 선물을 드리게 하소서.

그리고 그것을 믿음으로 받을 수 있는 마음을 허락하여 주소서.

그 믿음이 있어야 감사한 마음으로 보내 드릴 수 있지 않겠습니까.

용기를 내게 하시고, 순적한 믿음을 허락하소서.

동일한 마음으로 자녀들의 구원을 위해 기도합니다.

사랑하는 자들과의 이별은 정해 놓은 이치인데

다시 만날 기약을 확정하게 하소서.

천국의 소망이 우리 가문 모두에게 임하게 하소서.

영생을 주신 예수 그리스도의 이름으로

기도합니다. 아멘!

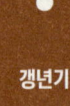

갱년기

회의감 속에
아버지의 질문이 있습니다

시간의 주인 되시는 하나님 아버지,
나를 이름 불러 이 땅에 보내시고
눈동자와 같이 지키신 아버지 감사합니다.
얼마나 세월이 빨리 흘렀는지,
벌써 생애의 후반기를 바라보고 있습니다.
젊을 때는 꿈을 찾아 헤매었는데,
지금은 꿈을 이룬 것도 없이 홀로 서 있습니다.
그래서 때로는 인생을 잘 살았는지에 대한 의문이 듭니다.
아니, 꿈을 이루었다 해도 잘 살았는지에 대한 의문은 여전합니다.

시간이 갈수록 초라해지는 모습에 자신감을 잃어버립니다.
이대로 지금처럼 살아도 되는 건지 회의가 듭니다.
나는 무엇을 위해 달려왔나 스스로에게 물으나 답이 없습니다.
하나님, 이런 회의감 속에 아버지의 질문이 있을 줄 믿습니다.
다시 기회를 주시려고, 더 세월을 아끼라고
주신 질문인 줄 믿습니다.

68

"수고하고 무거운 짐 진 자들아
다 내게로 오라 내가 너희를 쉬게 하리라"
(마 11:28).

답을 찾지 못했다 하여 실망하지 말게 하소서.
스스로를 질책하거나 한심하다 여기지 말게 하소서.
갱년기를 맞아 부정적인 감정이 엄습할 때 나를 지켜 주소서.
육체만이 아니라 정신도 부정적으로 되게 하려는
유혹을 떨쳐 버리게 하소서.
사춘기도 쉬운 아이가 있고 어려운 아이가 있듯,
갱년기가 쉬워지게 하소서.

스스로를 갱년기에 묶어 버리는 오류에서 벗어나게 하소서.
하루하루의 시간을 나의 마음과 몸을 다스리며
담대하게 살게 하소서.
주님이 어제도, 오늘도 변함없이 시간의 주인이시며
나와 동행하심을 믿습니다.
모든 나의 인생의 주인이 되시는
예수 그리스도의 이름으로 기도합니다. 아멘!

'라떼' 피하기

가장 어린 사람에게
제일 먼저 배우게 하소서

오늘도 나의 가는 길을 인도하시고
나를 가르치시는 아버지 감사합니다.
나의 무지함을 깨우치고 지혜로 인도하시는 아버지 감사합니다.
말씀을 통해, 아버지의 임재를 통해
언제나 나의 길잡이가 되어 주셨습니다.
아버지를 향하여 두 손을 들고 나를 드립니다.
일평생 나의 삶을 인도하시고 가르치소서.

언제나 배우는 삶을 살기 원합니다.
주님께만 배우는 것이 아니라 모든 것을 통해 배우게 하소서.
나이가 들어 경험이 쌓이면서 배움을 멈춤을 용서하소서.
자꾸 가르치려고만 드는 나 자신에게 브레이크를 채우게 하소서.
나의 경험으로, 나의 지식으로
원하지 않는 가르침을 자꾸 주려 하지 말게 하소서.

69

"그러므로 하나님의 능하신 손 아래에서 겸손하라
때가 되면 너희를 높이시리라"
(벧전 5:6).

내가 속한 공동체의 가장 어린 사람에게 제일 먼저 배우게 하소서.
지금은 그들의 시대이니 그들의 삶의 방식을 배우게 하소서.
그들의 시대에 과거의 나의 방식을
주입하려는 욕심을 버리기 원합니다.
가장된 겸손이 아니라 진정한 겸손은
나보다 어린 자에게 배우는 것입니다.
나이와 교만함이 비례하지 않도록 노력하게 하소서.

나이와 포용력이 비례함을 드러내는 날 되게 하소서.
어린 사람들과 평등하게 대화할 수 있음이 기쁨이 되게 하소서.
중년의 나이가 벼슬이 아니라
존경심이 되도록 먼저 겸손케 하소서.
나의 주 예수 그리스도의 이름으로 기도합니다. 아멘!

두 번째 인생 살기

이제 하나님 없는 삶은
허락하지 마소서

반석 되신 하나님 아버지,
나의 발을 견고하게 하시며 나를 일으키시는 아버지 감사합니다.
내가 수렁에 빠졌을 때 나를 건지신 아버지 감사합니다.
내가 잘못된 길을 헤맬 때 나의 빛이 되어 주신 아버지 감사합니다.
나의 아버지를 더욱 뜨겁게 사랑하고 찬양하기 원합니다.
나의 사는 날 동안 내 삶의 가장 큰 기쁨은
하나님을 찬양하는 것입니다.

내 삶이 메말랐을 때 무엇이 부족했습니까?
하나님과 멀어졌을 때가 가장 인생이 메마르고 버거운 때였습니다.
내가 아버지를 떠났을 때가 가장 내 삶이 불안했을 때입니다.
겉으로 풍요했다 하더라도 그것은 거짓된 평화였습니다.
이제 나의 삶에 하나님 없는 삶은 허락하지 마소서.

내가 주를 떠나지 않고
언제나 주님의 곁에 서서 주를 바라보겠습니다.

70

"오직 그만이 나의 반석이시요
나의 구원이시요 나의 요새이시니
내가 크게 흔들리지 아니하리로다"
(시 62:2).

나에게 주어진 중년의 인생 동안
모든 순간 주님을 사랑하겠습니다.
그리하면 내가 아플 때도 고통스럽지 않을 줄 믿습니다.
그리하면 내가 상실할 때도 외롭지 않을 것을 믿습니다.
내 삶의 가장 윗자리는 하나님 아버지입니다.

주님의 손을 붙들고 중년의 길을 가게 하소서.
울퉁불퉁한 변화의 길에서
반석 되시는 하나님의 손을 붙들고 안전하게 하소서.
나의 가는 길의 끝에서 주를 만나는 것이 아니라,
나의 모든 순간 주를 만나겠습니다.
나의 전부가 되시는 예수 그리스도의 이름으로
기도합니다. 아멘!

세대 차이

어려울 때 찾아가
울고 싶은 어른이 되기를 원합니다

하루도 빼놓지 않고 우리를 돌보시는
성실하신 아버지 감사합니다.
졸지도 주무시지도 않는 아버지의 은혜에 감사드립니다.
시간이 갈수록 젊은 사람들과의 차이를 더 선명하게 느낍니다.
우리의 시절은 공동의 목표가 있었고, 양보와 희생이 있었습니다.
이제 그런 것이 안중에 없어 보이는 세대를 만나게 되었습니다.

직장에서 책임감이나 충성을 요구할 수 없는 시대가 되었습니다.
자녀들에게 효도나 공동체성을 말하기 어려운 때가 되었습니다.
그러나 어쩌면 우리 시대의 약점들이 보완되며
생겨난 것일지 모릅니다.
내가 그렇지 않았으니 지금 너희가 악하다 말하지 않게 하소서.
나의 때와 비교해서 그들을 매도하지 말게 하소서.

71

> "모든 겸손과 온유로 하고 오래 참음으로
> 사랑 가운데서 서로 용납하고"
> (엡 4:2).

전쟁을 겪으신 우리 부모님의 시대가 이해되지 않았듯이,
지금 우리의 모습이 그들도 이해가 되지 않을 것을 알게 하소서.
때로는 잠자코 그들의 이유와 근거를
들어 주는 여유를 허락하소서.
젊은이들의 가치가 무엇인지,
우선순위가 무엇인지를 배우게 하소서.
그리고 그들의 정당성과 상황에 대한 연민을 갖게 하소서.

판단을 보류하고 이해를 먼저 하는 사람 되기 원합니다.
중년이 청년을 품고 도울 수 있기를 원합니다.
어려울 때 찾아가 울고 싶은 어른이 되어 가게 하옵소서.
시간의 주인 되시는 예수 그리스도의 이름으로
기도합니다. 아멘!

관계의 재설정

고마운 것을 "고맙다"
미안한 것을 "미안하다" 고백하는 삶

변함이 없으셔서 언제나 항상 동일하게
나를 사랑하신 하나님 아버지 감사합니다.
나는 하나님과 같지 않아 자주 식상해하고 느슨해지는
연약한 존재임을 고백합니다.
사랑하는 배우자를 허락하셨으나
그 마음이 식어 때로 존재조차 잊음을 용서하소서.
없으면 죽을 것 같아서 결혼했으나
이제는 있으니 죽을 것 같다 불평했음을 용서하소서.
너무 항상 같이 있어서 소중한 것을 잊어버렸음을 회개합니다.

내가 중년이 되어 힘들 때 배우자도 중년이 되었음을 기억하게 하소서.
나의 어려움이 곧 배우자의 어려움임을 잊지 않고
함께 이기기 위해 손 내밀게 하소서.
서로 멀어지려고 할 때 신뢰까지 멀어지지 않게 하소서.
다시 다가서는 방법이 무엇이 좋을지 하나님께 지혜를 구합니다.
서로의 상황이 예전과 다름을 인정하고 사랑으로 다가갈 수 있게 하소서.

72

> "나의 사랑하는 자가 내게 말하여 이르기를
> 나의 사랑, 내 어여쁜 자야 일어나서 함께 가자"
> (아 2:10).

지난 세월에 대한 감사를 먼저 고백하기 원합니다.
당연히 감사하다 여겼으나 한 번도 정식으로 말하지 못했습니다.
고마운 것을 "고맙다" 고백하게 하소서.
미안한 것을 "미안하다" 말하게 하소서.
먼저 정직하게 고백함으로 다가가 서로의 마음을 치유하게 하소서.

서로의 어려움을 이해함으로, 공감함으로
당신밖에 없다는 신뢰를 회복하게 하소서.
하나님이 허락하신 가장 소중한 공동체입니다.
주님의 은혜가 가득 임하여 가정의 성숙된 사랑이 더 깊어지는
기적이 일어나게 하소서.
언제나 나의 첫사랑 되시는 예수 그리스도의 이름으로
기도합니다. 아멘!

진정한 노후 준비

업적보다 사람을 얻는
풍요로운 삶 되게 하소서

지금까지의 모든 삶을 인도하신 지혜의 아버지 감사합니다.
중년에 이르니 더욱 노후에 대한 준비를 생각하게 됩니다.
그러나 무엇을 해야 할지 막막할 뿐입니다.
지혜를 허락하소서.
하나님이 각 사람마다 다르게 역사하시는 그 음성을 듣기 원합니다.

불의한 청지기에 대한 말씀을 통해 지혜를 얻기 원합니다.
그가 자신의 삶에 의로운 청지기는 아니었지만,
그가 일을 그만둘 때 친구를 만든 것처럼
사람들과의 관계를 위해 노력하게 하소서.
결국 사람을 얻어야 남은 삶도 풍요로울 수 있을 줄 믿습니다.
사람에게 상처 주고 이익을 얻은들 무슨 유익이 있겠습니까.

중년에 접어들면서 나의 업적에 치중하느라
사람을 모두 잃어버리는 일이 없게 하소서.
오히려 업적보다 사람을 소중히 여기고 친구를 만들어 가게 하소서.

73

"…불의의 재물로 친구를 사귀라 그리하면 그 재물이 없어질 때에
그들이 너희를 영주할 처소로 영접하리라"
(눅 16:9).

그래서 내가 일을 놓아야 할 때
어디에서든 도움을 얻을 수 있게 하소서.
결국 성경에서 소중하다 하는 것이
남은 인생 동안 소중한 것임을 믿습니다.
사람을 귀히 여겨 어떤 상황에서든지
많은 친구가 주변에 있게 하소서.

오늘도 주님이 주신 지혜로
어느 곳에서든 친구를 만들기 원합니다.
그들의 삶에 관심을 가지고,
내가 베풀 수 있는 것이 있다면 베푸는 삶 되게 하소서.
갈 곳이 없고 외로운 시절이 오기 전에
사람을 얻는 하루하루 되게 하소서.
나의 동반자 되시는 예수 그리스도의 이름으로
기도합니다. 아멘!

단풍 같은 멋진 삶

나를 사랑하신 아버지의 뜻을
이루길 원합니다

나의 하나님 아버지,
여호와 하나님은 사람의 걸음을 정하시고
그 길을 기뻐하신다 하였습니다.
나의 가는 걸음을 정하시고 나의 걸어온 길을 기뻐하시니 감사합니다.
나의 삶은 꽤나 질척거렸는데, 어찌 그 길을 기뻐하시는지요.
나의 걸음은 언제나 삐뚤빼뚤했는데,
아버지께서는 늘 사랑의 눈으로 나를 보셨습니다.
하나도 사랑할 것 없는 나를 사랑하신 아버지를 사랑합니다.

아버지의 정하신 바대로 이 길을 걸어오게 하심을 믿습니다.
그래서 오늘 내가 이곳에서 이 중년을 맞이하게 하심도
뜻이 있는 줄 믿습니다.
우직한 나무처럼 아버지의 뜻하신 자리에서
아버지의 뜻을 이루게 하소서.
나의 뿌리가 아버지께 닿아 주의 생수가 나를 지탱하게 하소서.
겨울이 올 것을 알지만 두려워하지 않게 하소서.

74

> "여호와께서 사람의 걸음을 정하시고 그의 길을 기뻐하시나니
> 그는 넘어지나 아주 엎드러지지 아니함은
> 여호와께서 그의 손으로 붙드심이로다"
> (시 37:23-24).

이 세상의 모든 만물이 하나님의 섭리를 어기지 않고
순종하며 살 듯 그리 살게 하소서.
모든 때를 아름답게 하신 아버지의 뜻을 신뢰합니다.
가장 아름다운 중년의 때를 보내게 하소서.
순응한다는 것이 포기한다는 것이 아니라,
모든 순간 새로움을 만끽하는 삶임을 믿습니다.
주님 안에 날마다 새로운 삶을 꿈꾸게 하소서.

이제까지와 다른 아름다움을 발견하고
즐겁게 그 길 가게 하소서.
과거와 다르기 때문에 더 신나게 갈 수 있게 하소서.
중년의 성숙함과 지혜로움과 화목케 하는 은혜가
나의 것이 되게 하소서.
나를 놓지 않고 새롭게 하시는
예수 그리스도의 이름으로 기도합니다. 아멘!

하나님의 약속

아버지로 말미암아
넉넉히 이길 것입니다

승리의 하나님 아버지,
"그러나 이 모든 일에 우리를 사랑하시는 이로 말미암아
우리가 넉넉히 이기느니라"(롬 8:37).
맞습니다, 아버지! 옳습니다, 아버지!
나의 당하는 이 중년의 모든 위기와 어려움은
아버지로 말미암아 넉넉히 이길 것입니다.
누구도 나를 해할 수 없으며, 나는 패배하지 않을 것입니다.

나의 갱년기의 고통을 아시는 아버지께서
나에게 넉넉히 이길 힘을 주실 것입니다.
나의 은퇴의 상실감을 아시는 주님이
나로 넘치는 자존감으로 다시 일어나게 하실 것입니다.
나의 고독과 공허함의 빈자리를 아버지의 사랑으로
가득 채워 주실 것을 믿습니다.
점점 낮아지기만 할 것 같은 두려움을 담대함으로
넉넉히 이기게 하실 것입니다.

75

"그러나 이 모든 일에
우리를 사랑하시는 이로 말미암아
우리가 넉넉히 이기느니라"
(롬 8:37).

나의 존재는 주님과 함께 승리를 맛볼 것입니다.
나를 공격하는 모든 마귀의 속셈에서 승리하게 하소서.
육체를 무너뜨려 영혼을 흔드는 악한 영을
예수의 이름으로 물리쳐 주소서.
경제력을 흔들어 나의 자존감을 밟으려는
모든 계략을 능히 이기게 하소서.
잘못 살아왔다고 속삭이는 마귀의 속삭임 앞에
말씀으로 승리하게 하소서.
"나는 하나님의 자녀이며 최선을 다하여 살았다"고 외치게 하소서.

하나님이 내 삶의 증인이 되어 주소서.
나의 삶이 헛되지 않았으며,
앞으로도 헛되지 않을 거라 큰 소리로 외쳐 주소서.
그 희망을 붙들고 다시 일어섭니다.
나의 왕이 되어 주시는 예수 그리스도의 이름으로
기도합니다. 아멘!

감사

약해진 내가 아니라
강하신 주님으로

나의 오늘을 허락하신 사랑하는 주님을 찬양합니다.
주님이 나를 지금까지 버티게 하셨습니다.
나의 가는 모든 길에 주님의 발자국이 있었음을 고백합니다.
주님과 손잡고 여기까지 왔습니다.
나의 나 된 것은 모두 주님의 은혜입니다.

오늘 들리는 새 소리에 감사합니다.
아직 들을 수 있음입니다.
오늘 볼을 스치는 바람에 감사합니다.
아직 느낄 수 있음입니다.
오늘 원하는 곳에 갈 수 있음에 감사합니다.
아직 걸을 수 있음입니다.
오늘 일할 수 있음에 감사합니다.
아직 건강함입니다.
모든 것이 아직 나의 삶을 유지할 수 있음에 감사드립니다.

76

> "그러므로 내가 그리스도를 위하여
> 약한 것들과 능욕과 궁핍과 박해와 곤고를 기뻐하노니
> 이는 내가 약한 그때에 강함이라"
> (고후 12:10).

아직 나의 삶은 그렇게 나쁘지 않은데

훨씬 더 비관적임을 회개합니다.

아직 할 수 있는 많은 것이 있음에도

뒤돌아보느라 후회함을 회개합니다.

뒤돌아보며 부러워하는 모든 시간을 내려놓게 하소서.

앞을 내다보며 기대하는 기도의 시간 되게 하소서.

약해진 나를 믿는 것이 아니라, 강하신 주님을 믿게 하소서.

젊을 때에도 나의 힘으로 해서 성공한 것이 아니라,

주님이셨습니다.

지금 나의 약함은 아무 문제될 것이 없습니다.

주님이 나의 삶을 주도하실 것이기 때문입니다.

그 주님을 믿습니다.

나의 기대가 되시는 예수 그리스도의 이름으로

기도합니다. 아멘!

나를 존중하기

하나님 안에서
물 댄 동산처럼

모든 삶의 길 가운데 언제나 나를 보호하신
은혜의 아버지 감사합니다.
아버지의 은혜가 있어서 지금까지 버틸 수 있었습니다.
언제나 신실하신 아버지의 사랑에 감사를 드립니다.
오늘도 그 힘을 입어 하루를 살아갑니다.
나의 모든 시대가 주님의 손에 있음을 믿고 고백합니다.

나를 이 땅에 보내신 목적을 더 선명하게 알기 원합니다.
나의 삶을 더 아름답게 살기 위해
내가 해야 할 사명을 알기 원합니다.
나의 중년의 때에 더 늦기 전에 나의 본질을 알게 하소서.
내 안에서 말씀하시는 주님의 음성을 듣게 하소서.
그래서 내가 이 세상에서 이루어야 할 주님의 뜻을 알게 하소서.

11

"여호와가 너를 항상 인도하여 메마른 곳에서도 네 영혼을 만족하게 하며 네 뼈를 견고하게 하리니 너는 물 댄 동산 같겠고 물이 끊어지지 아니하는 샘 같을 것이라"
(사 58:11).

다른 사람들에 의해 좌지우지되느라
나의 소리를 듣지 못했습니다.
내 안에서 들리는 나의 음성에 귀 기울이게 하소서.
나에게도 원함이 있고, 소망이 있음을 발견하게 하소서.
나를 먼저 사랑할 줄 알아야 이웃을 사랑할 수 있습니다.
하나님 안에서 나를 더 사랑하게 하소서.

내 삶이 물 댄 동산처럼 언제나 하나님과 연결되게 하소서.
나를 가장 사랑하는 방법은 온전히 하나님 앞에 나아가
나를 알아 가는 것입니다.
주님이 만드신 나를 배우고 돌보고 사랑하는 시간을 갖게 하소서.
나를 언제나 사랑하시는 예수 그리스도의 이름으로
기도합니다. 아멘!

시대를 배우기

지금 시대에 감당할 수 있는
내 몫을 발견하게 하소서

나를 지키시는 하나님 아버지,
일평생 살면서 재물 얻을 능을 허락하신 아버지 감사합니다.
먹고 살 수 있는 일용할 양식 주심에 감사합니다.
앞으로 살아갈 날들은 지금까지의 방법으로
유지할 수 없음을 고백합니다.
지금 다니는 직장으로 몇 년을 더 유지할 수 있을까요.
지금 얻는 수입원으로 얼마나 더 견뎌 낼 수 있을지요.

앞으로의 삶 가운데 소득의 방법을 전환해야 할 때
무엇을 어찌해야 합니까.
없어져 버린 직업들과 수없이 새로 생기는 직업들 속에서
준비하게 하소서.
직장을 잃고, 건강을 잃고, 관계를 잃어버렸을 때를 대비하게 하소서.
하나님이 아직 힘을 주셨을 때 지금 시대에 감당할 수 있는
내 몫을 발견하게 하소서.

> "네 하나님 여호와를 기억하라
> 그가 네게 재물 얻을 능력을 주셨음이라 이같이 하심은
> 네 조상들에게 맹세하신 언약을 오늘과 같이 이루려 하심이니라"
> (신 8:18).

그러기 위해 지금의 시대를 배우기 원합니다.
이 세상의 변화를 유심히 바라보며 기도하게 하소서.
자녀들과 함께 나의 중년을 상의하고 서로 조력하게 하소서.
이제는 성장해 가는 자녀들과 함께 인격적으로
대화하며 서로 꿈꾸게 하소서.
더 이상 어린아이로 치부하지 않고 그들을 존중하는
가정 되기 원합니다.
하나님이 그들의 입술을 통해 말씀하심을 믿습니다.

하나님이 분명 나의 가는 모든 길을 지키실 것입니다.
그러나 게으르지 않고 성실한 청지기로 살기 원합니다.
변화하는 시대에 뒤처지지 않고
나의 중년 이후의 삶을 잘 준비하게 하소서.
나의 미래가 되시는 예수 그리스도의 이름으로
기도합니다. 아멘!

눈높이 조정하기

내려올 때 잘 내려가는
어른이 되기를 원합니다

이 세상을 살아갈 힘을 주시는 아버지 감사합니다.
내가 어릴 때에는 부모님의 힘에 의해 보호받게 하시니 감사합니다.
장성하여 나 스스로 설 수 있는 힘을 주셨던 아버지 감사합니다.
그리고 어른이 되어 나의 가족을 보호할 수 있는
능력 주심에 감사합니다.
그러나 곧 나의 자녀가 나를 보호해야 할지도 모를 때가
올 수 있음을 받아들이게 하소서.

인생의 섭리에 따라 때로는 자녀의 권위가
나보다 더 높아질 수 있음을 인정하게 하소서.
그들의 결정권이 커지고, 그들의 선택을 따라야 하는
순간이 올 때 마음 상해 말게 하소서.
그들의 도움을 받아야 하는 순간에 자존심 상해하지 말게 하소서.
오히려 기뻐하게 하소서.
'자녀들이 잘 자라 줬구나', '자녀들이 능력이 생겼구나' 하며
감사하게 하소서.

79

"여호와를 경외하는 것은 지혜의 훈계라
겸손은 존귀의 길잡이니라"
(잠 15:33).

언제나 내가 모든 영역에서 자녀 위에
군림해야 한다는 강박관념을 버리게 하소서.
이제는 점점 더 많은 영역에서 나의 눈높이가 자녀보다
아래로 내려갈 수 있음입니다.
그리고 그것이 순리이며 섭리임을 기쁨으로 받게 하소서.
위축되거나 자존심 상해하지 않고 기뻐하고
있는 그대로 고마워하게 하소서.
그들의 수고와 그들의 지혜로움과
그들의 성장함을 즐거워하게 하소서.

내려올 때 잘 내려갈 수 있는 어른이 되게 하소서.
지금은 아니라 하더라도 마음의 준비를 하여
서로 간에 상처를 주고받지 않게 하소서.
올라갈 때보다 100배는 어려운 내리막길 앞에서
주님의 은혜를 구하고 구합니다.
나의 전부 되시는 예수 그리스도의 이름으로 기도합니다. 아멘!

봄날 같은 나이

나의 삶은 아버지께서
살아 계시다는 증거

언제나 나의 주인이 되어 주시는 아버지 감사합니다.
내가 어찌할 바를 모를 때 나를 가르치신 아버지 감사합니다.
내가 어리석어 길을 잃을 때 그 길을 인도하신 아버지 감사합니다.
나의 지난날은 모두 아버지께서 나에게 하셨던 일들의 증거입니다.
나의 삶은 아버지께서 살아 계시다는 증거입니다.

내가 그것을 다 겪고도 또 잊어버려 소망을 놓아 버림을 용서하소서.
이제까지 내가 한 일이 없었는데
지금 와서 무엇을 부담스러워하겠습니까.
마치 모든 것을 내 힘으로 한 것처럼 착각하지 말게 하소서.
하나님이 하신 것이 진심의 고백이라면,
이제 나는 두려울 것이 없어야 합니다.
여느 때와 똑같이 나는 소망으로 가득 차야 합니다.

80

> "너희는 택하신 족속이요 왕 같은 제사장들이요 거룩한 나라요
> 그의 소유가 된 백성이니 이는 너희를 어두운 데서 불러내어
> 그의 기이한 빛에 들어가게 하신 이의 아름다운 덕을 선포하게 하려 하심이라"
> (벧전 2:9).

아버지! 내 삶이 증거입니다.

아버지를 증명하는 나의 삶은 얼마나 귀하고 아름다운 삶입니까.

아름다운 삶을 주신 아버지를 찬양합니다.

그리고 중년의 시간을 함께하시고

증명하게 하실 주님을 찬양합니다.

내가 중년이라고 두려울 것이 없습니다.

모든 것은 하나님이 하시니까요.

이제 다시 주님의 손을 붙잡습니다.

절대로 놓지 말게 하소서.

중년을 넘어 노년의 삶을 살기까지

내 삶이 증거 되게 하소서.

나의 힘이 되시는 예수 그리스도의 이름으로

기도합니다. 아멘!

돌아가는 길의 아름다움

인생을 살아보니 누구의 인생도 지름길은 없다는 것을 알게 되었습니다.
나는 직선을 원했지만, 주님은 나에게 늘 굽이굽이 돌아가는 길을 주셨습니다.
내가 쉼을 얻기 위해 산책을 하거나 드라이브를 가서 보는
아름다운 광경은 언제나 곡선이었습니다.
고속도로를 달리며 아름답다 느끼지 않는 것처럼
하나님은 나를 아름답게 만드시기 위해 곡선을 택하셨습니다.

_김민정 저, 「쉬며 읽으며 쓰며」 중에서

질병을 만날 때

육체의 쇠함에도
마음은 하늘 향해 찬양하게 하소서

나를 살리시는 하나님 아버지,
예전에 아프지 않았던 곳들이 아파 오고,
생각하지 못한 큰 질병을 만나기도 합니다.
몸의 모든 마디는 자신이 이곳에 있다는 듯 통증으로 울부짖습니다.
기억력은 떨어져 이제 어떤 것도
과거의 일을 장담하며 말할 수 없어졌습니다.
어깨는 아파서 옷을 갈아입기도 힘들고,
눈은 침침하여 점점 보이지 않습니다.
시도 때도 없이 열이 솟아 더위를 견디지 못하고, 추위를 참지 못합니다.

10년여 기간 앓아야 하는 증상들과 질병들 앞에 담대하게 하소서.
그나마 큰 병을 만나지 않도록 도와주소서.
만일 나에게서 큰 병을 발견하게 된다면,
낫게 하려고 발견하게 하심을 믿게 하소서.
만약에 내 안에 나도 알지 못하는 병이 있다면,
속히 발견하는 은혜를 주소서.

81

> "비록 무화과나무가 무성하지 못하며 포도나무에 열매가 없으며…
> 우리에 양이 없으며 외양간에 소가 없을지라도 나는 여호와로 말미암아
> 즐거워하며 나의 구원의 하나님으로 말미암아 기뻐하리로다"
> (합 3:17-18).

두려워서 회피하기보다 적극적으로 나의 몸을 보살피게 하소서.
하나님의 마음은 언제나 나의 병을 고쳐 주기
원하심임을 믿습니다.
그러나 하나님의 뜻이 있어서 감당해야 하는 질병이 있다면
담담히 감당하게 하소서.
다만, 두려움을 물리칠 믿음을 허락하소서.
예수 그리스도의 보혈로 나의 몸과 마음을
깨끗이 씻어 정결하게 하소서.
새로운 중년의 시간은 병과 함께 동반해야 함을 인정하게 하소서.

매일 한 움큼의 약을 쥐고 먹을 때마다 한숨을 쉬는 것이 아니라,
감사하게 하소서.
그래도 약으로 고치시고 덜 아프게 하신 은혜에 감사합니다.
육체의 쇠함에도 언제나 마음만큼은 하늘을 향해 찬양하게 하소서.
나의 치유가 되시는 예수 그리스도의 이름으로
기도합니다. 아멘!

진정한 노후 준비

주님을 더욱 뜨겁게 사랑하는
중년이 되기 원합니다

영원한 생명 주셔서 나의 구원을 이루어 주신
아버지 감사합니다.
이것이 모든 삶의 소망이고 꿈입니다.
그래서 때로 고난이 닥쳐오고 죽음의 위기가 와도
담대할 수 있음을 고백합니다.
중년의 위기를 만나면서 때로는 회의감에 사로잡힘을 고백합니다.
나는 잘 살아왔는지 의문이 들고 남은 시간이 아쉽기만 합니다.

그러나 사람의 인생은 영원한 시간에 비하면
한낱 점에 지나지 않음을 고백합니다.
나의 남은 수십 년을 준비하느라
모든 에너지를 다 쏟아 버리지 않게 하소서.
진정한 노후는 죽음 이후 영원한 천국에서의 삶임을 믿습니다.
그 영원한 시간을 위하여,
주님께 받을 면류관을 기대하며 남은 시간을 살게 하소서.
하나님 앞에 영원히 기억될 가치 있는 사명을 발견하게 하소서.

82

"지혜 있는 자는 궁창의 빛과 같이 빛날 것이요
많은 사람을 옳은 데로 돌아오게 한 자는
별과 같이 영원토록 빛나리라"
(단 12:3).

나의 사는 날이 줄어들수록,
주를 위해 일할 수 있는 시간도 줄어듦을 기억합니다.
내가 숨을 쉬는 날 동안 더욱 주를 섬기게 하소서.
천국에서 주님을 더욱 가까이 뵙기 위해
지금 남은 시간을 투자하기 원합니다.
천국에서의 기쁨을 기대하며,
오늘 내가 주를 위해 복음을 전하게 하소서.
하나님이 기뻐하시는 영혼을 구하는 일에 매진하게 하소서.

주를 위한 삶보다 더 가치 있는 삶은 없으니
세월을 아껴 주를 위해 살게 하소서.
나에게 주어진 시간, 더욱 기쁨을 가지고
하나님과 동행하게 하소서.
주님을 더욱 뜨겁게 사랑하는 중년의 시간 되기 원합니다.
나의 사랑 되시는 예수 그리스도의 이름으로
기도합니다. 아멘!

하루의 소중함

새로운 경험을 향해
첫발을 내딛게 하소서

언제나 새로우신 하나님 아버지,
아버지께서는 식상함이 없으시며,
날마다 새로운 은혜로 함께하시니 감사합니다.
아버지의 인자는 끝이 없고 아침마다 새롭습니다.
그 하나님의 모습을 닮아 오늘도 새로운 날을 만들기 원합니다.
나에게 주어진 식상한 삶의 순서들을 깨뜨릴 수 있는 용기를 주소서.
하던 일을 반복하며, 혹은 하지 않던 게으름을 반복하며
지루하다 하지 말게 하소서.

나의 지루함은 내가 만들어 낸 것임을 회개합니다.
아무것도 바꾸지 않고 오늘이 달라질 것이라는 기적을
기대하지 말게 하소서.
무엇을 해야 오늘이 달라질 것입니다.
아무것도 도전하지 않고 기적을 바라지 말게 하소서.
씨를 뿌리고 거두기 원합니다.
오늘 그 씨를 뿌리는 용기를 허락하소서.

83

> "…도리어 크게 기뻐함으로
> 나의 여러 약한 것들에 대하여 자랑하리니
> 이는 그리스도의 능력이 내게 머물게 하려 함이라"
> (고후 12:9).

일평생 마음에 담았던 하고 싶었던 일들을 시도하게 하소서.
나이를 탓하며, 여건을 탓하며 보낸 시간은
게으름에 대한 명분일 뿐입니다.
훨씬 많은 사람이 나이와 여건에 상관없이
도전하는 인생을 살고 있습니다.
새로운 운동과 새로운 취미, 새로운 공부,
새로운 관계에 도전하게 하소서.
이제까지의 동일한 루틴에서 벗어나
새로운 경험을 향해 첫발을 내딛게 하소서.

주님의 손을 붙들고 소원이라 여겼던 일에 도전하기 원합니다.
그렇게 새로운 하루를 만들고
새로운 중년의 시간을 보내기 원합니다.
담대하게 하시고 용감하게 하소서.
나의 구주 예수 그리스도의 이름으로 기도합니다. 아멘!

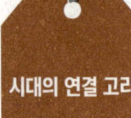

시대의 연결 고리

말세의 시대에
무엇을 해야 합니까?

어디에나 계시며 모든 시간 속에 살아 계시는 아버지 감사합니다.
모든 사람 속에, 모든 공간 속에,
모든 역사 속에 일하신 아버지를 찬양합니다.
재난의 소식이 줄을 잇고 있습니다.
전쟁과 기아와 불의와 재난과 질병과
혼돈이 가득한 세상을 살고 있습니다.
진정 말세의 시대를 살아가고 있는 이때에
하나님의 자녀로 무엇을 해야 합니까?

말세가 코앞에 온 것 같은 혼돈의 시대에
악함이 더욱 창궐하고 있음을 고백합니다.
이때 중년을 살아가는 우리에게 사명이 있는 줄 믿습니다.
이 시대를 위해 감당해야 할 영적인 전쟁을 치르게 하소서.
권세 잡은 자가, 목소리 큰 사람이, 자기주장이 강한 자가
주도하는 것이 아니라 하나님의 말씀이, 성경적인 진리가 주도하는
세상이 되기 위해 기도하게 하소서.

84

"우리의 씨름은 혈과 육을 상대하는 것이 아니요 통치자들과 권세들과
이 어둠의 세상 주관자들과 하늘에 있는 악의 영들을 상대함이라
그러므로 하나님의 전신 갑주를 취하라…"
(엡 6:12-13).

먼저 우리 가정부터 하나님의 진리로 서게 하소서.
나의 하루하루의 삶부터 말씀이 나를 주장하게 하소서.
이 세상을 위하여 날마다 기도하며 눈물을 뿌리며
시대를 위해 간구하게 하소서.
보이는 사람과 싸우려 덤비지 말고,
배후의 영적인 세력과 기도로 싸우게 하소서.
배우자와 싸우고 자녀와 싸우기 전에
가정을 훼방하려는 악한 영을 물리치게 하소서.
"여호와께서 과연 여기 계시거늘 내가 알지 못했다"는 고백이 아니라
"여호와께서 여기 계시니 내가 감당치 못할 시험이 없다"는
고백을 하게 하소서.

과연 나의 중년의 시절 가운데 영적인 전사로 부르신
주님 앞에 순종합니다.
언제나 나를 위해 중보하시는 예수 그리스도의 이름으로
기도합니다. 아멘!

자녀리스크

자녀에게 다 쏟느라
잊은 것들이 기억나게 하소서

오늘 나의 중년의 삶을 응원하시는 섭리의 아버지 감사합니다.
하나님은 언제나 똑같이 나를 사랑하심에 감사드립니다.
어린 시절의 나와 젊은 시절의 나,
그리고 나이 들어 가는 나의 모습이
하나님 앞에 언제나 동일하게 사랑스러움을 믿습니다.
그 사랑의 힘으로 오늘 나의 있는 모습 그대로
하나님 앞에 나아갑니다.

나의 모든 인생을 자녀에게 걸면서 살아왔다면 회개합니다.
자녀는 중요하지만, 나의 모든 것이 자녀의 것은 아님을 고백합니다.
하나님이 나를 소중하게 부르셔서 이 땅의 사명 주심을 믿습니다.
나의 모든 힘 있는 날을 자녀에게 다 쏟느라
잊은 것들이 기억나게 하소서.

나의 힘과 능력, 나의 경제력과 시간과 열정을 돌아보게 하소서.
이제 하나님을 위해 무엇을 하며 살아야 하는지 돌아보기 원합니다.

85

"에녹은… 삼백 년을 하나님과 동행하며 자녀들을 낳았으며…
에녹이 하나님과 동행하더니 하나님이 그를 데려가시므로
세상에 있지 아니하였더라"
(창 5:21-24).

남은 나의 모든 경제력을 자녀에게 다 쏟아 주고
다시 후회하지 말게 하소서.
인생의 후반전에 나를 세워 가는 일도
하나님의 뜻임을 알게 하소서.
진정한 나 자신의 삶을 살 수 있을 때
하나님께 드릴 것을 남기게 하소서.
나를 돌보아 강건하게 할 것들을 남기게 하소서.

나이 듦을 계획하게 하시고,
그 안에서 나와 하나님의 동행을 꿈꾸게 하소서.
나에게 주어진 중년 이후의 긴 시간을 꿈꾸게 하시고,
소진하지 않게 하소서.
허물 벗고 나간 껍질 같은 인생이 아니라,
더 영글어진 깊은 열매 되게 하소서.
여전히 나를 소중히 여기시는 예수 그리스도의 이름으로
기도합니다. 아멘!

은퇴

이제 새로운 때가
다가왔습니다

인생의 마디마디마다 때를 허락하신
아버지 감사합니다.
시작한 것을 마무리하게 하시고,
또 다른 때를 주심을 믿습니다.
직장을 다니다 은퇴를 맞이할 때
이것 또한 때의 마무리임을 알게 하소서.
더 이상 일할 수 없다는 것이 좌절이 되지 말게 하소서.
은퇴로 인해 나의 능력이 끝이 났다 단정 짓지 말게 하소서.

누군가에게서 거절당할 때 마음의 상처를 받듯이
직장에서 거절당할 때 큰 상처를 받게 됩니다.
아버지, 위로하여 주소서.
그들에게 거절됨이 내 인생에 대한 거절이 아님을 알게 하소서.
그저, 그곳에서 나의 필요가 사라졌음임을 이해하게 하소서.

86

> "범사에 기한이 있고 천하만사가 다 때가 있나니
> 날 때가 있고 죽을 때가 있으며
> 심을 때가 있고 심은 것을 뽑을 때가 있으며"
> (전 3:1-2).

이 세상에서 나를 더 이상 필요로 하지 않는다고
과장하지 말게 하소서.
나의 마음을 힘들게 하는 사탄의 계략에
넘어가지 않고 의연하게 하소서.
이제 새로운 때가 다가왔음을 알고 기뻐하게 하소서.
노동에서 쉼으로, 이곳에서 저곳으로의 변화가 필요할 뿐입니다.
하나님이 일할 때도 함께하셨고, 쉴 때도 함께하실 것입니다.

직장에서 나를 거절했다고 가정에서도
나를 거절하지 않음을 믿게 하소서.
어제의 나와 오늘의 내가 다르지 않음을
스스로가 더욱 믿게 하소서.
그동안의 수고를 스스로 칭찬하며 하나님께 감사하기 원합니다.
나의 모든 모습을 아끼시는 예수 그리스도의 이름으로
기도합니다. 아멘!

인생의 해석

오늘의 나를 칭찬하고
아름답다 말하기

이 세상의 모든 것을 아름답게 만드신 아버지 감사합니다.
모든 것을 만드시되 다 때를 따라 아름답게 하신 아버지, 감사합니다.
나의 눈에는 지금의 내가 아름답지 않아 보일 때가
더 많음을 고백합니다.
주름진 얼굴과 자주 아픈 몸과
회복이 늦은 피로감 앞에 한숨을 쉽니다.
그러나 성경은 하나님이 때를 따라 아름답게 하셨다고 선언합니다.

아버지의 말씀을 믿습니다.
지금의 나도 분명히 아름답다 하셨으니,
중년의 때를 아름답게 하심을 믿습니다.
주름진 얼굴도 아름다움을 믿습니다.
연약한 육체와 모자라는 모든 것들 속에도
아름다움이 있음을 믿습니다.
오늘 나를 아름답게 하신 주님을 찬양합니다.

87

> "하나님이 모든 것을 지으시되
> 때를 따라 아름답게 하셨고…"
> (전 3:11).

모든 때를 아름답게 하셨음을 믿고
오늘 새로운 소망을 갖습니다.
과거의 나와 싸우지 말게 하소서.
과거의 나와 비교해서 자책하지 말게 하소서.
나를 정죄하고 비하하는 것은 나임을 알고 경계하게 하소서.
오늘의 나를 칭찬하고, 오늘의 나에게 아름답다 말하게 하소서.

인생은 힘의 논리만으로 평가할 수 없음을 알게 하소서.
하나님의 마음을 알아 아버지의 눈으로
나를 다시 바라보기 원합니다.
나를 바라보시는 아버지의 사랑의 눈길 앞에
오늘도 평안을 누립니다.
나의 사랑이 되시는 예수 그리스도의 이름으로
기도합니다. 아멘!

빈 둥지

삶의 공백을
주님께 올려 드립니다

나의 모든 인생을 인도하신 섭리의 아버지 감사합니다.
내가 아버지를 알기 훨씬 전부터 주님은 나를 아셨습니다.
나를 모태에서 부르시고
중년이 되기까지 신실하게 인도하셨습니다.
그 주님을 찬양하고 높여 드립니다.
나는 아버지를 잊고 산 적이 너무 많지만,
주님은 단 한 순간도 잊지 않으셨습니다.

그 하나님의 계획을 믿고 신뢰합니다.
그래서 중년의 때를 맞이하면서
이 모든 변화를 받아들입니다.
하나님의 섭리를 인정하고 순응하기 원합니다.
하나님이 지금도 나를 인도하고 계심을 철저하게 믿습니다.
그래서 내 삶에 찾아오는 많은 공백을
주님께 올려 드립니다.

88

"세월을 아끼라
때가 악하니라"
(엡 5:16).

나에게 자유를 주시려는,

새로운 삶을 주시려는 뜻임을 믿습니다.

이제 나를 바라보고 살라고,

이제 나를 사랑하라고 주신 시간임을 믿습니다.

후회하며 시간 낭비하지 말게 하소서.

누구라도 그보다 더 잘 살기 힘들었음을 고백합니다.

부족했지만 최선을 다했음을 불쌍히 여겨 주소서.

이제 중년의 시간을 기대감을 가지고 살아가려 합니다.

다가오는 모든 변화를 통해 나를 도우실 주님을 기대합니다.

지극히 나를 사랑하시는 그 사랑을 힘입어

힘차게 도전하는 중년을 살겠습니다.

나의 곁을 떠나지 않으시는

예수 그리스도의 이름으로 기도합니다. 아멘!

경제적 두려움

나의 경제적 무능함도
모두 가지고 나아갑니다

있는 그대로 나를 사랑하시는 하나님 아버지,
나의 삶 모든 모습 그대로를 사랑해 주시는 아버지 감사합니다.
참 못났던 시절의 나도 사랑해 주셨습니다.
참 잘나갔던 시절의 나도 사랑해 주셨습니다.
못나서 사랑하지 않으시고, 잘나서 사랑하신 것이 아니라
그저 나를 사랑하셨습니다.
차라리 못날 때 겸손해서 더 사랑스러웠을 내가 위로가 됩니다.

점점 힘없는 시간으로 가고 있는 나를 사랑하실 주님을 찬양합니다.
나의 능력을 기준으로 보지 않으시는
주님의 사랑의 눈에 감사를 드립니다.
거만한 나의 목소리가 아니라,
절박한 나의 갈망의 소리를 들으심에 감사합니다.
탱탱한 나의 얼굴이 아니라,
주름진 나의 얼굴을 귀히 여기시니 감사합니다.
하나님과 동행한 나의 시절을 기뻐하시는 아버지, 감사합니다.

> "여호와께서 강한 손과 편 팔과 큰 위엄과 이적과 기사로
> 우리를 애굽에서 인도하여 내시고 이곳으로 인도하사
> 이 땅 곧 젖과 꿀이 흐르는 땅을 주셨나이다"
> (신 26:8-9).

언제나 아버지께서는 내 존재를 사랑하셨습니다.
나도 아버지의 존재를 사랑합니다.
그런 아버지 앞에 자격지심이 무엇이며, 부끄러움이 무엇입니까.
나의 경제적 무능함도, 내 왜곡된 성품도
다 가지고 주님 앞에 나아갑니다.
그 크신 팔로 나를 한껏 안아 주소서.
힘을 다해 품어 주소서.

그 품에 안겨 실컷 울고, 그 품에 안겨 다시 웃겠습니다.
모든 걱정과 두려움을 다 떨쳐버리고
'다시 살아 보자!' 힘을 얻겠습니다.
이제까지 지키신 아버지께서
당연히 앞으로도 지키실 것을 믿습니다.
언제나 나를 안아 주시는 예수 그리스도의 이름으로
기도합니다. 아멘!

세대 차이

모든 격차를 사랑으로 덮는
멋진 중년

창조주 하나님 아버지,
온 우주를 만드시고 이 세상을 움직이시는 아버지를 찬양합니다.
위대한 능력으로 모든 피조물을 만드셨습니다.
그중에 인간을 가장 사랑하셔서 우리를 신부처럼 여겨 주셨습니다.
외롭지 않게 하시려고 우리를 함께 살게 하셨습니다.
그 하나님의 창조의 섭리 안에서 함께 살게 하시니 감사합니다.

아버지께서 허락하신 모든 세대는 아름다운 공동체임을 고백합니다.
태어나고, 자라나고, 성숙하고, 나이 들고,
죽음을 맞는 모든 과정에 감사합니다.
요람에서 무덤까지 주님의 사랑하는 과정임을 믿습니다.
나이 들어 잃어버린 아름다운 생명력을
어린 세대들을 통해 누리게 하시니 감사합니다.
지혜가 부족하여 의지하고 싶을 때
찾아갈 어른이 있게 하시니 감사합니다.

90

> "이 모든 것 위에 사랑을 더하라
> 이는 온전하게 매는 띠니라"
> (골 3:14).

함께할 때 가장 아름다운 세대 간의 교통을 허락하여 주소서.
모든 세대가 서로를 귀히 여기고 존중하게 하소서.
세대의 가장 허리가 되는 중년의 시대에
이 모든 세대를 중재하게 하소서.
서로를 무시하고 지적하는 것이 아니라,
서로를 사랑하게 하는 역할을 감당하게 하소서.
어떤 생각의 차이나 삶의 방식의 차이도
사랑으로 하나 되게 할 수 있음을 믿습니다.

위 세대를 향하여, 아래 세대를 향하여
먼저 사랑하게 하소서.
나만 사랑한다 억울해하지 않고,
사랑의 직책을 주심에 감사하게 하소서.
모든 격차를 사랑으로 덮어 가는 멋진 중년이 되게 하소서.
나의 주 예수 그리스도의 이름으로 기도합니다. 아멘!

**갱년기
- 감정의 노예**

호르몬이 나를 주관하지 않고,
신앙이 나를 주관하도록 하소서

오늘도 평안으로 나를 인도하시는 아버지 감사합니다.
때로는 마음이 조급해져서 불안할 때가 있음을 고백합니다.
때로는 너무 게을러져서 다 포기하고 싶을 때가 있음을 고백합니다.
때로는 갑자기 너무 화가 나서 분노를 조절하지 못함을 고백합니다.
호르몬의 불균형이 나의 마음을 들쭉날쭉하게 만들 때 나를 지키소서.

분노하고 나서 나에게 실망하여 초라해질 때,
나를 위로하소서.
조급하여 잘못된 결정을 내릴 때,
나에게 회복할 지혜를 허락하소서.
꼼짝도 하기 싫어 나태해질 때,
다시 일어날 의욕을 불어넣어 주소서.
호르몬이 나를 주관하지 않고
나의 신앙이 나를 주관하게 하소서.
예수 그리스도의 이름으로 나를 다시 세워 가게 하소서.

91

"노하기를 더디 하는 것이 사람의 슬기요
허물을 용서하는 것이 자기의 영광이니라"
(잠 19:11).

나이가 들수록 멋진 사람이 되고 싶습니다.
마음에 여유가 있어 다른 사람을 품어 주는
중년이 되게 하소서.
고난의 삶을 사는 사람을 위로하고 도와주는
어른이 되게 하소서.
자신의 문제에 급급하여 성급하고 분노하는
초라한 어른이 되지 말게 하소서.
내가 흉봤던 그런 사람이 되지 않도록 주님, 나를 세워 주소서.

크고 넓으신 하나님의 사랑으로 나를 가득 채워 주소서.
그 사랑이 차고 넘쳐서 그 사랑을 퍼 주고도 남는
사랑의 사람 되기 원합니다.
나의 아버지를 사랑하고, 또 사랑합니다.
나의 모든 소망이 되시는 예수 그리스도의 이름으로
기도합니다. 아멘!

가족 관계

이제 돌이켜 가족들을
다시 바라봅니다

우리 가족 모두에게 생명 주셔서
함께하게 하신 아버지 감사합니다.
사랑하는 가족 주심에 감사를 드립니다.
나이가 들면서 가족의 모든 관계에도 변화가 생기고 있습니다.
때로는 배우자와의 관계에서, 때로는 자녀의 독립으로 인해,
그리고 부모님과의 이별을 통해 변화를 맞이하게 되었습니다.

그동안에 감사하지 못했음을 용서하소서.
그들을 통해 어려움도 있었지만,
즐거움이 더 많았음을 고백합니다.
감사한 것을 뒤로하고, 늘 불편한 것을 앞에 두었습니다.
그래서 내 눈에는 불편함이 너무 크게 보였음을 회개합니다.
이제 돌이켜 가족들을 다시 바라보게 하소서.

92

> "보라 형제가 연합하여 동거함이 어찌 그리 선하고 아름다운고
> 헐몬의 이슬이 시온의 산들에 내림 같도다
> 거기서 여호와께서 복을 명령하셨나니 곧 영생이로다"
> (시 133:1, 3).

이별을 막을 수 없고, 변화를 막을 수 없으나

나를 변화시키게 하소서.

남은 시간이 있다면 최선을 다해 함께하게 하소서.

가족 간에 남겨지는 것들은 아름다운 추억임을 알게 하소서.

그 기억을 가지고 살아가기 위해 오늘 추억을 만들게 하소서.

무엇을 얻으려 하지 않고 함께 사랑하는 시간을 가지게 하소서.

중년이 되면서 시간이 없다고 쫓기는 마음만 늘어 갑니다.

이것은 주님이 주신 세월을 아끼라는 사인임을 믿습니다.

조급한 마음으로 실망하지 않고 지혜로 시간을 다스리겠습니다.

나의 지혜가 되시는 예수 그리스도의 이름으로

기도합니다. 아멘!

한계 극복

나의 고난으로 다른 사람의 고난을
품을 수 있게 되었습니다

나를 자라게 하시고 성숙하게 하시는 아버지 감사합니다.
어린아이와 같은 나의 삶이 그래도 지금만큼
성장하게 하시니 감사합니다.
이해할 수 있는 고난도 있었고,
이해할 수 없는 고난도 있었습니다.
그러나 결과적으로 그 고난을 통하여 성장하고 성숙할 수 있었습니다.
감사드립니다.

그때는 납득되지 않아서 참 힘겨웠습니다.
하나님이 원망스럽기도 했습니다.
왜 이 어려움에서 나를 속히 건지지 않으시는지 한탄했습니다.
그러나 합력하여 선을 이루시는 주님이 결국 건지셨고,
자라게 하셨습니다.
일부러 고난을 주지는 않으셨으나
세상의 부조리 속에서 합력해 선을 이루셨습니다.

93

> "우리가 알거니와 하나님을 사랑하는 자
> 곧 그의 뜻대로 부르심을 입은 자들에게는
> 모든 것이 합력하여 선을 이루느니라"
> (롬 8:28).

하나님, 이제 그나마의 성숙함을 가지고

무엇을 할지 알게 하소서.

나의 고난으로 다른 사람의 고난을 품을 수 있게 된 이때,

무엇을 해야 할지요?

삶을 이해하고 지나온 길로 인해 지혜를 얻었을 때,

무엇을 해야 할지요?

내가 도울 수 있는 사람들을 붙여 주소서.

위로하고 격려하고 포기하지 않게 일으켜 주는 역할을 하게 하소서.

지나온 삶의 고난이 수치가 아니라, 면류관이 되게 하소서.

쏟아진 물이 낭패가 아니라,

수목을 자라게 하는 자양분이 되게 하셨습니다.

내 삶의 모든 고난을 인해 감사와 찬양을 드립니다.

나의 선이 되어 주시는 예수 그리스도의 이름으로

기도합니다. 아멘!

새로운 삶에 대한 갈망

모든 관계 속에
하나님의 일하심이 드러나게 하소서

오늘도 아름다운 날을 허락하심에 감사드립니다.
무엇이든지 오래되어 식상해진 것들을 다시 바라보게 하소서.
자녀 노릇을 오래 하다 보니,
부모를 바라보는 것이 식상해졌습니다.
배우자 노릇을 오래 하다 보니,
배우자가 있는 듯 없는 듯합니다.
부모 노릇을 오래 하다 보니,
자녀가 예쁘기만 하지 않습니다.

무엇이든 오래된 나의 삶이
나쁘기만 한 것이 아니라는 것을 알게 하소서.
내 곁에 있는 모든 사람이
얼마나 아름답고 귀한 존재인지를 알게 하소서.
신선하고 새로운 눈으로 그들을 바라보게 하소서.
그들과 함께하는 모든 시간을
즐겁게 누리는 법을 배우기 원합니다.

94

> "사랑은 오래 참고 사랑은 온유하며…
> 모든 것을 참으며 모든 것을 믿으며 모든 것을 바라며
> 모든 것을 견디느니라"
> (고전 13:4-8).

곧 떠나실 부모님을 더욱 사랑하게 하소서.
나와 함께 산 배우자를 고마운 마음으로 사랑하게 하소서.
나의 소중한 자녀가 떠나기 전에 더 모든 순간 사랑하게 하소서.
나의 인생에서 관계가 제일 중요함을 기억하게 하소서.
그들과의 추억이 나의 여생을 가장 아름답게 할 것입니다.

그 마음으로 새롭게 가족을 바라보기 원합니다.
그 과정을 통해 내가 새롭게 될 줄 믿습니다.
하나님의 일하심이 모든 관계 속에서 드러나게 하소서.
나에게 가족을 허락하신 주 예수 그리스도의 이름으로
기도합니다. 아멘!

두 번째
인생 살기

그 무엇보다 맨 앞에, 맨 위에
아버지를 두겠습니다

나의 사랑이 되시는 하나님 아버지,
죽어도 아깝지 않을 인생을 구원하신 아버지 감사합니다.
일평생 나를 구원하신 그 은혜가 너무 소중하여
그 힘으로 살아왔습니다.
아버지가 아니면 지금의 나는 이 자리에 있지 못했습니다.
모든 것이 아버지의 사랑이고 은혜입니다.
그 선하신 하나님을 찬양하고 또 찬양합니다.

하나님의 사랑을 무엇으로 갚을 수 있을지요.
날마다 나에게 주어진 책임이라는 이유로
어쩌면 나만을 위해 살아왔음을 용서하소서.
하나님을 맨 앞에, 맨 위에 둔다 하면서
언제나 내 일보다 뒤였고, 자식보다 아래였습니다.
입에 발린 말로 아버지를 속였던 것을 용서하소서.
실제는 아니면서 말로만의 고백이었습니다.

95

> "주의 궁정에서의 한 날이 다른 곳에서의 천 날보다 나은즉
> 악인의 장막에 사는 것보다
> 내 하나님의 성전 문지기로 있는 것이 좋사오니"
> (시 84:10).

세월을 아껴야 하는 중년의 때가 되었고,
살아온 날보다 살 날이 적어진 때가 되었습니다.
이제 다시 산다면 무엇을 해야 할지요.
어떻게 살아가야 할지요.
그 무엇보다 더 뜨겁게 하나님을 사랑하며 살기 원합니다.
말로만 아니라 삶으로, 행함으로 아버지를 사랑하며
살기 원합니다.

그 무엇보다 맨 앞에 아버지를 두겠습니다.
그 누구보다 맨 위에 아버지를 모시겠습니다.
여호와의 전에서의 한 날을
나의 천 날보다 귀히 여기기 원합니다.
이제는 나의 사랑을 드리는 날들 되게 하소서.
나의 사랑 예수 그리스도의 이름으로 기도합니다. 아멘!

관계의 재설정

하나님의 손을 붙들고 갈 때
나의 자존감은 항상 동일합니다

언제나 나의 업적과 상관없이
나를 귀히 여기시는 하나님 감사합니다.
이전에 내 인생에서 가장 높았던 시절의 내 모습을 언제나 기대합니다.
때로는 그때가 다시 오게 하려고 몸부림치기도 합니다.
아니면, 과거의 정점을 기억하며
지금의 나도 그러함을 애써 강조합니다.
이 모든 것이 나의 열등감의 발로임을 주님 앞에 회개합니다.

내 존재의 존귀함은 나의 업적에 있지 않다고
말하면서 믿지 않았습니다.
말로만 사람은 다 존귀하다 하면서
스스로의 시들해지는 모습은 무시했습니다.
주님, 나의 차별적인 시선을 용서하여 주소서.
과거의 영광스러운 때를 향한 환상을 버리게 하소서.
나의 모습을 내가 먼저 있는 그대로 바라보게 하소서.
그래서 주변 사람들 앞에 담담하게 나의 존재를 나타내게 하소서.

96

> "존귀한 자는 존귀한 일을 계획하나니
> 그는 항상 존귀한 일에 서리라"
> (사 32:8).

과장하지도 않고 비하하지도 않는
자연스러운 어른의 모습을 갖기 원합니다.
내가 나와 먼저 화해하고, 이웃과의 모습 앞에 편안하게 하소서.
사람들 앞에서 나의 직급이나 역할이 사라질 때도
나는 나임을 인정합니다.
나의 모든 존귀한 신분은 하나님께로부터 나옴을 믿습니다.

변화한 사람들과의 관계 앞에
부끄러워하거나 오버하지 말게 하소서.
사람이 살아가는 순리를 받아들이며 사는 모습이
가장 아름다움을 알게 하소서.
하나님의 손을 붙들고 갈 때
나의 자존감이 항상 동일할 줄 믿습니다.
나를 존귀하게 하신 예수 그리스도의 이름으로
기도합니다. 아멘!

하나님의 약속

나를 아버지에게서
떼어 놓을 수 없습니다

사랑의 하나님 아버지,
아버지의 지극하신 사랑에 힘입어 아버지의 약속을 믿고 신뢰합니다.
"내가 확신하노니 사망이나 생명이나 천사들이나 권세자들이나
현재 일이나 장래 일이나 능력이나 높음이나 깊음이나
다른 어떤 피조물이라도 우리를 우리 주 그리스도 예수 안에 있는
하나님의 사랑에서 끊을 수 없으리라"(롬 8:38-39).
이 말씀을 내가 죽기까지 믿고 흔들림 없이 서겠습니다.

세상의 많은 것이 나를 뒤흔들 때에도
변하지 않는 아버지의 사랑을 믿습니다.
사망과 같은 육신의 고통 가운데서도
그것이 아버지의 사랑에서 나를 끊을 수 없습니다.
천사와 같이 화려한 자들이라도,
권세자와 같이 위협적인 자들이라도 나를 어찌할 수 없습니다.
이 세상 하나님을 제외한 모든 피조물과 모든 현상도
나를 아버지에게서 떼어 놓을 수 없습니다.

97

"…사망이나 생명이나 천사들이나 권세자들이나 현재 일이나 장래 일이나
능력이나 높음이나 깊음이나 다른 어떤 피조물이라도 우리를
우리 주 그리스도 예수 안에 있는 하나님의 사랑에서 끊을 수 없으리라"
(롬 8:38-39).

나는 아버지의 것이며, 아버지께서는 나의 온전한 사랑입니다.

주 예수 그리스도 안에 있는 하나님의 사랑에서

나를 끊어 낼 수 없다면 된 것입니다.

그것만이 나의 강함이요,

그것만이 내가 버틸 수 있는 온전한 힘입니다.

이 사랑을 선포하며 살겠습니다.

중년이 대수이며, 노년이 대수겠습니까.

시간의 흐름에 함몰되지 말게 하소서.

스스로 웅덩이로 들어가 나는 이제 절망이라며

좌절의 길을 가지 말게 하소서.

아무것도 견고한 하나님의 사랑에서

나를 끊을 수 없음을 믿고 담대하게 하소서.

나를 자신의 목숨과 맞바꾸신

예수 그리스도의 이름으로 기도합니다. 아멘!

하나님을 향한 시선

새롭게 역사하실
하나님을 기대합니다

언제나 나의 주인이 되어 주시는 아버지 감사합니다.
여전히 나의 주인이 아버지이심을 고백합니다.
하나님만이 나의 유일한 참 신이시며 모든 것이십니다.
나의 일평생을 주님께 내어 맡기고 신뢰합니다.
이것이 나의 신앙 고백입니다.

젊어서는 앞으로만 달리느라
하나님을 온전히 바라보지 못했습니다.
할 일이 너무 많았고, 자신이 있었습니다.
나의 판단이 옳은 것 같았고,
열심히만 하면 가능하다 생각했습니다.
그러나 살고 보니 모든 것이 하나님의 한없는 은혜였습니다.
내가 잘해서 된 것이 아니라,
하나님의 도우심 때문이었습니다.

98

> "보라 내가 새 일을 행하리니
> 이제 나타낼 것이라 너희가 그것을 알지 못하겠느냐
> 반드시 내가 광야에 길을 사막에 강을 내리니"
> (사 43:19).

이제 나는 나이 들어 기운이 없다 한탄하지 말게 하소서.
이제 나는 더 이룰 꿈이 없다 포기하지 말게 하소서.
이제 더욱 하나님과 동행할 수 있는 시간을 얻었습니다.
이제 더욱 책임을 덜고 하나님을
바라볼 수 있는 시선을 갖게 되었습니다.
참으로 즐겁고 아름다운 시간이 펼쳐질 것입니다.

나의 지난날을 돌아보느라 시간을 낭비하지 말게 하소서.
이제부터 역사하실 하나님을 기대하며
나의 시선을 주님께 드리게 하소서.
이제 하나님을 가장 우선으로 생각하며 동행하게 하소서.
나의 손 붙들어 주시는 예수 그리스도의 이름으로
기도합니다. 아멘!

하나님과
더 깊어지기

나의 영안을
열어 주소서

하나님과 함께하는 모든 시간은 아름답습니다.
하나님이 하신 모든 일은 놀랍고 경이롭습니다.
하나님의 사랑은 너무 깊어서 가늠할 수 없습니다.
하나님의 동행하심은 한순간도 나를 놓치지 않았습니다.
하나님의 인내는 내가 돌이키기까지 넉넉했습니다.

이제 더는 하나님을 배신하는 일이 없게 하소서.
많은 세월을 낭비했는데,
더 이상 하나님과의 시간을 낭비하지 않게 하소서.
세상에서 할 것 다 해보았는데
하나님과의 시간보다 소중한 것은 없었습니다.
결국 나의 인생은 하나님의 손에 있음을 믿음으로 고백합니다.
아버지여, 하나님의 뜻을
깨달아 알 수 있는 지혜를 허락하소서.

99

> "…여호와여 원하건대 그의 눈을 열어서 보게 하옵소서 하니
> 여호와께서 그 청년의 눈을 여시매 그가 보니
> 불말과 불병거가 산에 가득하여 엘리사를 둘렀더라"
> (왕하 6:17).

나의 영안을 열어 주님의 일하심을 바라보게 하소서.
나의 눈이 열려 주의 보좌를 바라보며
하나님의 높으심을 찬양하게 하소서.
이 세상의 것에, 보이는 것에, 육신의 것에
집착했던 눈을 내려놓습니다.
나의 눈이 새로워져 주님의 신령한 것을 바라보며
기쁨을 누리게 하소서.
게하시의 눈이 뜨여 적들을 둘러싸고 있는
천군과 천사를 본 것처럼 나도 보게 하소서.

주님의 세상을 바라볼 때 절대적인 평안을 누릴 줄 믿습니다.
하나님을 붙좇아 살 때 나에게 참된 소망이 있을 줄 믿습니다.
모든 두려움을 이기고 가장 가치 있는 삶을 살게 하실
주님을 의지합니다.
나의 주 예수 그리스도의 이름으로 기도합니다. 아멘!

단풍 같은 멋진 삶

중년의 어느 날도
두려워 말게 하소서

만군의 여호와 하나님 아버지,
우주 만물을 만드시고 모든 것 위에
가장 뛰어나신 하나님을 찬양합니다.
이 세상에 하나님을 이길 자 아무도 없음을 고백합니다.
하나님은 나의 구원자이시며 내 생명의 주관자이십니다.
나를 향한 아버지의 뜻은 언제나 아름다움을 믿고 찬양합니다.
내 삶을 향한 아버지의 선하심은 끝이 없습니다.

그 아버지가 나의 아버지이십니다.
두려워 말게 하소서.
나의 중년이 나를 힘들게 할 때도 두려워 말게 하소서.
나의 중년이 나를 외롭게 할 때도 무서워 말게 하소서.
나의 중년이 나를 아프게 할 때도 겁먹지 말게 하소서.

100

"두려워하지 말라 내가 너와 함께함이라
놀라지 말라 나는 네 하나님이 됨이라
내가 너를 굳세게 하리라 참으로 너를 도와주리라
참으로 나의 의로운 오른손으로 너를 붙들리라"(사 41:10).

"두려워하지 말라 내가 너와 함께함이라
놀라지 말라 나는 네 하나님이 됨이라 내가 너를 굳세게 하리라
참으로 너를 도와주리라 참으로 나의 의로운 오른손으로
너를 붙들리라"(사 41:10)라고 하셨습니다.
'만군의 여호와'가 말입니다. '나에게' 말입니다.

중년의 어느 날도 두려워 말게 하소서.
이 날들을 아름답게 하소서.
내 입술에서 주를 찬양하는 목소리가 끊어지지 않는
기쁨의 시절 되게 하소서.
일평생 주님만을 사랑하며 살겠습니다.
나의 영원한 사랑이신 예수 그리스도의 이름으로
기도합니다. 아멘!

사명선언문

너희가 흠이 없고 순전하여······세상에서 그들 가운데 빛들로
나타내며 생명의 말씀을 밝혀 _ 빌 2:15-16

1. 생명을 담겠습니다
만드는 책에 주님 주신 생명을 담겠습니다.
그 책으로 복음을 선포하겠습니다.

2. 말씀을 밝히겠습니다
생명의 근본은 말씀입니다.
말씀을 밝혀 성도와 교회의 성장을 돕겠습니다.

3. 빛이 되겠습니다
시대와 영혼의 어두움을 밝혀 주님 앞으로 이끄는
빛이 되는 책을 만들겠습니다.

4. 순전히 행하겠습니다
책을 만들고 전하는 일과 경영하는 일에 부끄러움이 없는
정직함으로 행하겠습니다.

5. 끝까지 전파하겠습니다
모든 사람에게, 땅 끝까지, 주님 오시는 그날까지
복음을 전하는 사명을 다하겠습니다.

서점 안내

광화문점　서울시 종로구 새문안로 69 구세군회관 1층
　　　　　　02)737-2288 / 02)737-4623(F)

강남점　　서울시 서초구 신반포로 177 반포쇼핑타운 3동 2층
　　　　　　02)595-1211 / 02)595-3549(F)

구로점　　서울시 동작구 시흥대로 602, 3층 302호
　　　　　　02)858-8744 / 02)838-0653(F)

노원점　　서울시 노원구 동일로 1366 삼봉빌딩 지하 1층
　　　　　　02)938-7979 / 02)3391-6169(F)

일산점　　경기도 고양시 일산서구 중앙로 1391 레이크타운 지하 1층
　　　　　　031)916-8787 / 031)916-8788(F)

의정부점　경기도 의정부시 청사로47번길 12 성산타워 3층
　　　　　　031)845-0600 / 031)852-6930(F)

인터넷서점　www.lifebook.co.kr